완주 긍정 확언 따라 쓰기

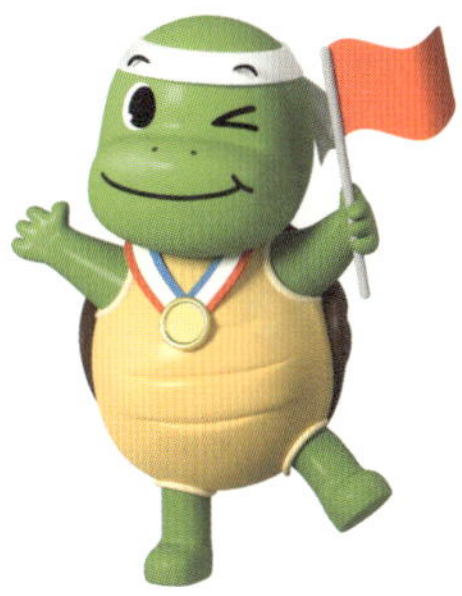

김보라 지음

서사원주니어

아이는 말을 따라
자신에게 다가갑니다

　아이는 하루에도 수십 번씩 자기 자신에게 말을 건넵니다. "내가 할 수 있을까?" "실수하면 어떡하지?" "괜히 해 봤다가 또 틀리면 어쩌지?"

　아이의 하루는 이 작은 혼잣말에 의해 그 방향이 결정됩니다. "잘했어."라는 한마디에 굽었던 어깨가 당당히 펴지고, "괜찮아."라는 말에 참았던 숨을 고릅니다. 하지만 "어차피 안 돼."라는 차가운 말 앞에서는 반짝이던 마음을 조용히 접게 됩니다. 아이들의 마음은 이토록 섬세해서, 어떤 말을 양분 삼느냐에 따라 때로는 단단하게 뿌리 내리고 때로는 속절없이 흔들립니다.

　저는 20년 동안 교실 현장에서 아이들의 성장을 지켜 본 교사이자, 집에서는 초·중·고 세 자녀를 키우고 있는 엄마입니다. 아이들과 지내 온 긴 시간 속에서 한 가지 분명한 진리를 배웠습니다. 아이에게 가장 오래 남는 말은 타인이 해 준 백 마디 말이 아니라 **아이가 스스로에게 반복해서 들려주는 내면의 말**이라는 사실입니다. 타인의 칭찬은 잠시 기분을 좋게 하지만, 스스로를 긍정하는 내면의 말은 삶 전체를 지탱하는 가장 단단한 뼈대가 됩니다.

　아이들은 작은 실수 앞에서도 가장 먼저 자신을 탓하곤 합니다. 타인과 비교하며 자신의 가치를 너무 쉽게 깎아내리기도 합니다. 그럴 때마다 저는 간절히 바랐습니다. 아이들이 자기 자신에게만큼은 세상에서 가장 친절한 사람이 되기를 말입니다. 넘어졌을 때 "왜 그랬어?"라고 자신을 다그치기보다 "많이 아팠지? 다시 해 보면 돼."라고 다독일 수 있기를, 남보다 조금 늦어 보일 때 "나는 안 돼."라고 포기하기보다 "나는 지금 나만의 속도로 근사하게 가고 있어."라고 믿어 줄 수 있기를 말입니다.

　이 책은 바로 그 따뜻한 응원에서 시작되었습니다. 애니메이션 속 대사는 자기 자신에게 건네는 말이기도 하고, 곁에 있는 누군가를 향한 말이기도 합니다. 두려움을 넘어서고, 다시 한 번 믿어 보기 위해 나오는 말이지요. 이 책에서는 그 문장들을 아이의 언어로 다시 풀어 긍정확언으로 따라 써 보도록 했습니다. 화면 속 메시지가 아이의 마음에 오래 남는 말이 되기를 바랍니다.

하루 네 문장. 짧은 글귀를 천천히 따라 쓰는 동안, 아이는 비로소 분주한 세상에서 잠시 멈춰 자신의 마음을 가만히 바라보게 됩니다. 눈으로 읽고, 입으로 소리 내어 말하며, 손으로 꾹꾹 눌러쓰는 그 시간들이 층층이 쌓여, 아이의 무의식 속에 따뜻한 언어의 씨앗이 자리 잡기를 소망합니다.

이 책에 담긴 **용기와 희망, 우정과 사랑, 상상력과 도전, 책임과 성장, 공감과 배려**라는 다섯 가지 가치는 지금 당장 눈에 보이는 성적보다 아이의 인생을 훨씬 더 단단하게 지켜줄 마음의 근육입니다. 시험에는 나오지 않지만, 삶이라는 긴 여정의 고비마다 아이를 다시 일어서게 할 가장 강력한 힘이기도 합니다.

결국 우리 삶에서 가장 소중한 건 **행복**이 아닐까요. 제가 생각하는 행복은 아주 거창한 것이 아닙니다. 행복은 오늘 밤, 아이가 잠들기 전 스스로에게 어떤 말을 건네며 하루를 마무리하느냐에 달려 있다고 생각합니다. 꼭 무언가를 이루어야만 행복한 것은 아닙니다. 잘했을 때의 기쁨도 소중하지만, 잘 안 됐을 때조차 나를 함부로 대하지 않는 마음이 더 오래 아이를 지켜 준다고 믿습니다. "괜찮아, 다시 하면 되지." 이런 다정한 한마디가 아이의 하루를, 그리고 세상을 떠받쳐 주니까요.

이 책 속의 문장들이 아이가 힘들 때마다 꺼내 볼 수 있는 작고 따뜻한 위로가 되기를 바랍니다. 언젠가 아이가 어른이 되어 고단한 하루를 보낸 어느 날, 자기 자신을 가만히 다독이며 이렇게 말할 수 있기를 바라 봅니다.

"그래도 나는 나에게 참 다정하게 살고 있어."

이 한마디를 스스로에게 건넬 줄 아는 아이로 자라 준다면, 그것만으로도 저에게는 더없이 큰 기쁨일 것 같습니다.

초등교사 김보라 드림

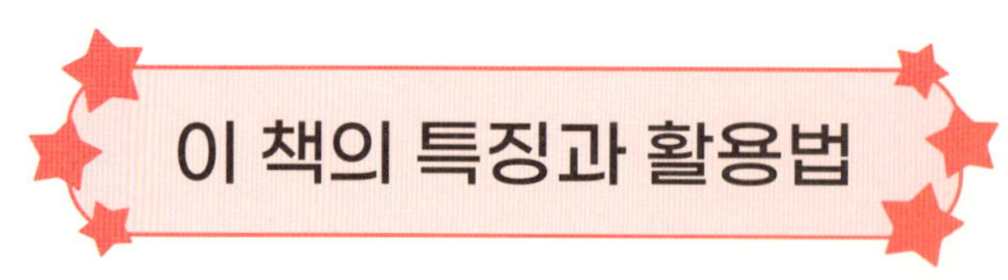

이 책의 특징과 활용법

오늘 생각해 볼 가치를 확인해요.

오늘의 긍정 확언을 소리 내어 읽어요.

날짜를 써요.

이야기가 담고 있는 메시지를 어린이들에게 들려주는 긍정 확언으로 표현했어요. 소리 내어 읽으며 따라 써요. 내 마음이 따뜻함으로 차오를 거예요.

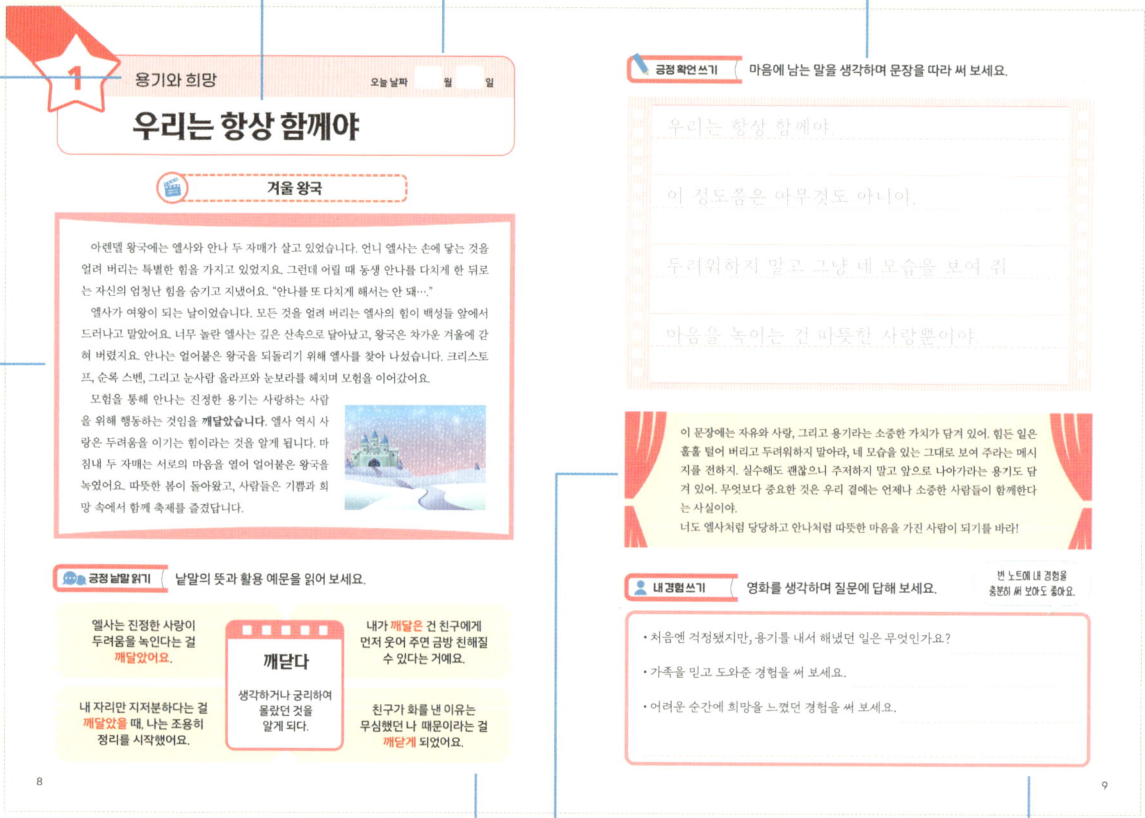

1 용기와 희망

오늘 날짜 월 일

우리는 항상 함께야

겨울 왕국

아렌델 왕국에는 엘사와 안나 두 자매가 살고 있었습니다. 언니 엘사는 손에 닿는 것을 얼려 버리는 특별한 힘을 가지고 있었지요. 그런데 어릴 때 동생 안나를 다치게 한 뒤로는 자신의 엄청난 힘을 숨기고 지냈어요. "안나를 또 다치게 해서는 안 돼…."

엘사가 여왕이 되는 날이었습니다. 모든 것을 얼려 버리는 엘사의 힘이 백성들 앞에서 드러나고 말았어요. 너무 놀란 엘사는 깊은 산속으로 달아났고, 왕국은 차가운 겨울에 갇혀 버렸지요. 안나는 얼어붙은 왕국을 되돌리기 위해 엘사를 찾아 나섰습니다. 크리스토프, 순록 스벤, 그리고 눈사람 올라프와 눈보라를 헤치며 모험을 이어갔어요.

모험을 통해 안나는 진정한 용기는 사랑하는 사람을 위해 행동하는 것임을 **깨달았습니다**. 엘사 역시 사랑은 두려움을 이기는 힘이라는 것을 알게 됩니다. 마침내 두 자매는 서로의 마음을 열어 얼어붙은 왕국을 녹였어요. 따뜻한 봄이 돌아왔고, 사람들은 기쁨과 희망 속에서 함께 축제를 즐겼답니다.

긍정 낱말 읽기 낱말의 뜻과 활용 예문을 읽어 보세요.

깨닫다
생각하거나 궁리하여 몰랐던 것을 알게 되다.

엘사는 진정한 사랑이 두려움을 녹인다는 걸 깨달았어요.

내가 깨달은 건 친구에게 먼저 웃어 주면 금방 친해질 수 있다는 거예요.

내 자리만 지저분하다는 걸 깨달았을 때, 나는 조용히 정리를 시작했어요.

친구가 화를 낸 이유는 무심했던 나 때문이라는 걸 깨닫게 되었어요.

8

긍정 확언 쓰기 마음에 남는 말을 생각하며 문장을 따라 써 보세요.

우리는 항상 함께야.

이 정도쯤은 아무것도 아니야.

두려워하지 말고 그냥 네 모습을 보여 줘.

마음을 녹이는 건 따뜻한 사랑뿐이야.

이 문장에는 자유와 사랑, 그리고 용기라는 소중한 가치가 담겨 있어. 힘든 일은 훌훌 털어 버리고 두려워하지 말아라, 네 모습을 있는 그대로 보여 주라는 메시지를 전하지. 실수해도 괜찮으니 주저하지 말고 앞으로 나아가라는 용기도 담겨 있어. 무엇보다 중요한 것은 우리 곁에는 언제나 소중한 사람들이 함께한다는 사실이야.
너도 엘사처럼 당당하고 안나처럼 따뜻한 마음을 가진 사람이 되기를 바라!

내 경험 쓰기 영화를 생각하며 질문에 답해 보세요.

빈 노트에 내 경험을 충분히 써 보아도 좋아요.

- 처음엔 걱정됐지만, 용기를 내서 해냈던 일은 무엇인가요?
- 가족을 믿고 도와준 경험을 써 보세요.
- 어려운 순간에 희망을 느꼈던 경험을 써 보세요.

9

애니메이션의 줄거리를 알아보고, 실제 영상을 찾아 감상해도 좋아요.

문장에 대한 해설 글을 읽으며 내 마음에 꼭꼭 담아 보세요.

이야기에 담긴 긍정 낱말의 뜻을 알아보고, 이를 활용하여 만들 수 있는 예문을 읽어요.

내 경험으로 확장해서 말하거나 써 보세요.

일차	애니메이션	긍정 확언	긍정 낱말
상상력과 도전			
21	몬스터 대학교	내가 꼭 해낼 거야.	해내다
22	드래곤 길들이기	너만의 길을 가면 돼.	증명하다
23	마이펫의 이중생활	힘을 모아야 해.	모으다
24	엔칸토	진짜 힘은 마음에서 나와.	탐험하다
25	미니언즈	모험은 재미있어.	즐기다
26	트롤	넌 정말 멋져.	구하다
27	라따뚜이	누구든 꿈을 이룰 수 있어.	이루다
28	슈렉	나는 가능성을 믿어.	믿다
29	하늘에서 음식이 내린다면	용기 내서 도전해 봐.	도전하다
30	슈퍼 마리오 브라더스	우리, 잘하고 있어.	강해지다
책임과 성장			
31	주먹왕 랄프	내가 해낼 차례야.	맞서다
32	보스 베이비	노력하면 보람도 따라와.	넘기다
33	코코	너의 길을 응원해.	성장하다
34	카	나도 잘할 수 있어.	잘나가다
35	인크레더블	용감하게 해 보자.	재회하다
36	굿 다이노	넌 정말 자랑스러워.	자랑스럽다
37	마다가스카	지금은 네가 빛날 때야.	향하다
38	라이온 킹	너는 너답게 살아야 해.	일깨우다
39	아이스 에이지	책임을 끝까지 다해야 해.	도와주다
40	센과 치히로의 행방불명	넌 더 멋진 사람이 됐어.	견뎌 내다

일차	애니메이션	긍정 확언	긍정 낱말
공감과 배려			
41	소울	넌 지금 충분히 괜찮아.	여기다
42	빅풋 주니어	너의 따뜻함이 꼭 필요해.	배려하다
43	벼랑 위의 포뇨	나도 너와 함께 있고 싶어.	공감하다
44	클라우스	네 마음이 세상을 바꿨어.	전하다
45	마루 밑 아리에티	넌 내 편이 되어 주었지.	나누다
46	와일드 로봇	다르다고 나쁜 건 아니야.	돌보다
47	이웃집 토토로	넌 내 특별한 친구야.	안심하다
48	미첼 가족과 기계 전쟁	노력하는 네가 멋져.	애쓰다
49	월-E	내가 할게, 걱정 마.	무릅쓰다
50	사랑의 하츄핑	너는 나에게 선물이야.	닿다

1 우리는 항상 함께야

겨울왕국

　아렌델 왕국에는 엘사와 안나 두 자매가 살고 있었습니다. 언니 엘사는 손에 닿는 것을 얼려 버리는 특별한 힘을 가지고 있었지요. 그런데 어릴 때 동생 안나를 다치게 한 뒤로는 자신의 엄청난 힘을 숨기고 지냈어요. "안나를 또 다치게 해서는 안 돼…."

　엘사가 여왕이 되는 날이었습니다. 모든 것을 얼려 버리는 엘사의 힘이 백성들 앞에서 드러나고 말았어요. 너무 놀란 엘사는 깊은 산속으로 달아났고, 왕국은 차가운 겨울에 갇혀 버렸지요. 안나는 얼어붙은 왕국을 되돌리기 위해 엘사를 찾아 나섰습니다. 크리스토프, 순록 스벤, 그리고 눈사람 올라프와 눈보라를 헤치며 모험을 이어갔어요.

　모험을 통해 안나는 진정한 용기는 사랑하는 사람을 위해 행동하는 것임을 **깨달았습니다**. 엘사 역시 사랑은 두려움을 이기는 힘이라는 것을 알게 됩니다. 마침내 두 자매는 서로의 마음을 열어 얼어붙은 왕국을 녹였어요. 따뜻한 봄이 돌아왔고, 사람들은 기쁨과 희망 속에서 함께 축제를 즐겼답니다.

💬 긍정 낱말 읽기　　낱말의 뜻과 활용 예문을 읽어 보세요.

엘사는 진정한 사랑이 두려움을 녹인다는 걸 **깨달았어요**.

내가 **깨달은** 건 친구에게 먼저 웃어 주면 금방 친해질 수 있다는 거예요.

깨닫다

생각하거나 궁리하여 몰랐던 것을 알게 되다.

내 자리만 지저분하다는 걸 **깨달았을** 때, 나는 조용히 정리를 시작했어요.

친구가 화를 낸 이유는 무심했던 나 때문이라는 걸 **깨닫게** 되었어요.

  마음에 남는 말을 생각하며 문장을 따라 써 보세요.

우리는 항상 함께야.

이 정도쯤은 아무것도 아니야.

두려워하지 말고 그냥 네 모습을 보여 줘.

마음을 녹이는 건 따뜻한 사랑뿐이야.

이 문장에는 자유와 사랑, 그리고 용기라는 소중한 가치가 담겨 있어. 힘든 일은 훌훌 털어 버리고 두려워하지 말아라, 네 모습을 있는 그대로 보여 주라는 메시지를 전하지. 실수해도 괜찮으니 주저하지 말고 앞으로 나아가라는 용기도 담겨 있어. 무엇보다 중요한 것은 우리 곁에는 언제나 소중한 사람들이 함께한다는 사실이야.
너도 엘사처럼 당당하고 안나처럼 따뜻한 마음을 가진 사람이 되기를 바라!

  영화를 생각하며 질문에 답해 보세요.

• 처음엔 걱정됐지만, 용기를 내서 해냈던 일은 무엇인가요?

• 가족을 믿고 도와준 경험을 써 보세요.

• 어려운 순간에 희망을 느꼈던 경험을 써 보세요.

2

신기하고 설레

업

칼 할아버지는 아내 엘리와 세상에서 가장 멋진 폭포를 보러 가자고 약속했습니다. 하지만 시간이 흘러 아내는 세상을 떠났고, 칼 할아버지는 혼자가 되었어요.

어느 날 집을 떠나야 하는 상황이 되자, 칼 할아버지는 수많은 풍선을 집에 매달아 하늘로 띄워 올려 여행을 떠났습니다. 그런데 뜻밖에도 이웃집 어린이 러셀이 하늘을 나는 집에 타게 되었지요. 이렇게 두 사람은 함께 모험을 시작했어요.

험한 산과 강, 폭포를 지나면서 칼 할아버지는 잃어버린 웃음과 따뜻한 마음을 되찾았습니다. 여행 중 커다란 새 케빈과 귀여운 개 더그를 만나 금새 친구가 되었지요. "야호! 신나요." "그래, 그렇지?"

어려운 상황을 이겨 내며 서로를 믿게 된 칼과 러셀은, 진짜 모험은 새로운 사람과 마음을 나누는 것임을 깨달았습니다.

또한 칼 할아버지는 진정한 보물은 아내와 함께한 추억과 지금 곁에 있는 친구라는 것을 알게 되었어요. 이렇게 두 사람은 새로운 꿈을 향해 **나아가게** 되었답니다.

긍정 낱말 읽기　낱말의 뜻과 활용 예문을 읽어 보세요.

칼은 모험을 멈추지 않고 **나아갔어요**.

나아가다

앞으로
향하여 가다.

나아가는 길에는 예상하지 못한 만남이 기다리고 있었어요.

줄을 맞춰 천천히 **나아갈** 때, 우리 반이 하나처럼 보였어요.

자전거 탈 때 균형 잡는 법을 연습하니, 훨씬 안정적으로 **나아갔어요**.

 마음에 남는 말을 생각하며 문장을 따라 써 보세요.

새로운 건 언제나 신기하고 설레.

세상 어딘가에 놀라운 일이 기다리고 있어.

이젠 앞으로 가야 할 시간이야.

평범한 순간들이 사실은 가장 소중해.

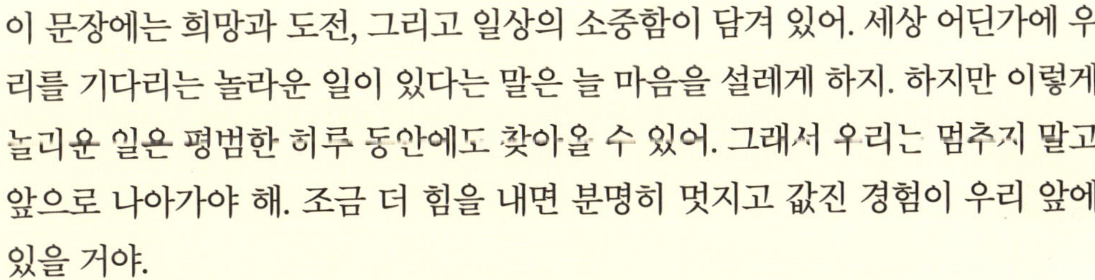

이 문장에는 희망과 도전, 그리고 일상의 소중함이 담겨 있어. 세상 어딘가에 우리를 기다리는 놀라운 일이 있다는 말은 늘 마음을 설레게 하지. 하지만 이렇게 놀라운 일은 평범한 하루 동안에도 찾아올 수 있어. 그래서 우리는 멈추지 말고 앞으로 나아가야 해. 조금 더 힘을 내면 분명히 멋지고 값진 경험이 우리 앞에 있을 거야.
너도 용감하게 도전하고, 작은 순간을 소중히 여기는 사람이 되기를 바라!

 영화를 생각하며 질문에 답해 보세요.

• 내가 이루고 싶은 꿈은 무엇인가요?

• 새로운 친구를 사귄 경험을 써 볼까요?

• 포기하고 싶었지만 끝까지 해 본 경험을 써 보세요.

난 해낼 수 있어

모아나

　　바닷가 마을에 사는 모아나는 어릴 때부터 모험을 꿈꿨습니다. 하지만 마을 규칙 때문에 섬 밖으로 나갈 수 없었어요.

　　마을에 먹을 것이 줄고 바다가 병들어 가던 어느 날이었습니다. 모아나는 자신이 해야 할 일이 있다는 걸 깨달았어요. 모아나는 섬을 살리기 위해 전설 속 영웅 마우이를 찾아 나서기로 **결심했어요**. 아버지는 걱정했지만, 모아나는 할머니의 응원과 바다의 도움을 받아 용기를 냈지요. "모아나야, 바다는 너를 선택했단다." 모아나는 거친 파도와 폭풍, 무서운 괴물들을 만나도 포기하지 않았습니다. 마우이와 힘을 합쳐 여신 테 피티의 심장을 되돌려줬어요. 모험 속에서 모아나는 진짜 영웅은 특별한 힘을 가진 사람이 아니라, 자신의 길을 스스로 선택하는 사람임을 깨달았지요.

　　돌아오는 길에 모아나는 바다와 자신이 마치 가족처럼 이어져 있다는 것을 느꼈어요. 모아나는 용기와 지혜로 섬과 바다를 되살렸고, 마을 사람들은 다시 항해를 시작했지요. 그리고 모아나는 모두와 함께 새로운 모험을 향해 바다로 나아갔답니다.

💬 긍정 낱말 읽기　낱말의 뜻과 활용 예문을 읽어 보세요.

모아나는 위험을 무릅쓰고 바다로 나가기로 **결심했어요**.

내가 **결심한** 건 숙제를 미루지 않고 바로 하는 거예요.

결심하다

할 일에 대하여 어떻게 하기로 마음 굳게 정하다.

친구에게 사과하겠다고 **결심했을** 때, 마음이 조금 가벼워졌어요.

나는 매일 게임만 하지 않고 시간을 나누어 쓰겠다고 **결심했어요**.

 마음에 남는 말을 생각하며 문장을 따라 써 보세요.

난 해낼 수 있어. 난 멋진 아이니까.

나도 나를 믿기로 했어.

진짜 용기는 눈에 보이지 않는 곳에 있어.

내가 어디까지 갈 수 있을지 나도 몰라.

이 문장에는 자기 자신에 대한 믿음, 용기, 그리고 끝없는 도전이라는 소중한 가치가 담겨 있어. 모아나는 스스로를 믿고 진짜 용기를 마음속에서 찾아냈지. 아직 가 보지 않은 세상이 두렵기도 하지만, 그 용기와 호기심이 모아나를 한 걸음 더 앞으로 나아가게 해. 어디까지 갈 수 있을지 몰라. 하지만 나아가는 그 길에서 우리는 더 단단하게 성장할 수 있지.
너도 스스로를 믿으며 새로운 도전을 즐기는 용감한 사람이 되기를 바라!

 영화를 생각하며 질문에 답해 보세요.

• 내가 도전해 본 새로운 일은 무엇인가요?

• 주변의 반대에도 불구하고 내가 선택한 일이 있나요? 어떤 선택이었는지 그때의 경험을 써 보세요.

• 실패했지만 다시 도전해서 잘된 일이 있나요?

오늘 날짜 　 월 　 일

나는 나대로 괜찮아

 엘리멘탈

　불, 물, 공기, 흙이 함께 사는 엘리멘탈 시티에 불의 소녀 앰버가 살고 있었습니다. 앰버의 부모님은 불 원소 사람들이 안전하게 지낼 수 있도록 작은 가게를 열었어요. 그리고 앰버가 언젠가 가게를 이어받길 **바랐어요.** 하지만 앰버는 가게 일만 하기보다는 자신이 진짜 좋아하는 일을 찾고 싶었지요.

　그러던 어느 날, 가게에 물 원소 청년 웨이드가 들어왔습니다. 앰버는 깜짝 놀랐어요. "물은 위험해! 가까이 오면 안 돼!" 웨이드는 웃었어요. "괜찮아. 너를 돕고 싶어." 이때부터 물과 불이 만나면 위험하다는 앰버의 생각이 흔들리기 시작했지요. 앰버와 웨이드는 서로의 차이를 이해하게 되었어요.

　앰버는 부모님의 기대와 자신의 꿈 사이에서 선택할 용기를 냈습니다. 웨이드도 다름을 두려워하지 않고 새로운 길을 걷기로 했어요. 마침내 앰버는 사랑하는 사람과 함께하면서도 자기만의 꿈을 이루는 방법을 찾아냈어요. 두 사람은 그 뒤로도 서로를 응원하며 새로운 도전을 하게 되었답니다.

💬 긍정 낱말 읽기 　낱말의 뜻과 활용 예문을 읽어 보세요.

엠버가
부모님의 가게를
이어받기를 **바랐어요.**

내가 그린 그림이 더 멋지게
완성되길 **바라면서** 색을
신중하게 골랐어요.

바라다

마음속으로
간절히 원하고
기대하다.

바라는 건,
우리 반 친구들이 사이좋게
지내는 거예요.

친구가 힘들어하는 모습을
보면서, 내가 조금이라도
도움이 되기를 **바랐어요.**

 마음에 남는 말을 생각하며 문장을 따라 써 보세요.

나는 나대로 괜찮아.

난 나만의 힘이 있어.

이젠 진짜 나로 살고 싶어.

네 덕분에 내 하루가 빛났어.

이 문장에는 자기 존중, 다양성, 그리고 우정이라는 소중한 가치가 담겨 있어. 엠버는 타인과 다르다는 이유로 움츠러들지 않고, 자신만의 힘을 인정하며 당당히 살아가. 차이가 있다는 건 부족함이 아니라 오히려 특별함이라는 사실을 알게 되지. 우리는 서로 다른 모습 그대로를 존중하며 함께할 때 더 큰 힘을 낼 수 있어.
너도 엠버처럼 자기 자신을 사랑하고, 웨이드처럼 친구를 믿어 주는 따뜻한 사람이 되기를 바라!

 영화를 생각하며 질문에 답해 보세요.

• 처음엔 마음에 안 들었지만 나중에 소중하게 느낀 내 모습이 있나요?

• 나랑 달라서 더 특별하게 느껴진 친구가 있나요? 그 친구의 이름과 나와 다른 점에 대해 써 보세요.

• 미래에 꼭 도전해 보고 싶은 일을 써 보세요.

정말 내가 해냈어

라푼젤

긴 금빛 머리카락의 라푼젤은 높은 탑에 갇혀 살았습니다. 그녀는 매년 생일마다 하늘에 떠오르는 수많은 등불을 보며, 그것이 무엇인지 직접 **경험하고** 싶어했지요. 하지만 마녀는 라푼젤을 탑 안에 가두고 진실을 숨겼어요. "세상이 위험하단다. 흐흐흐!"

그러던 어느 날, 도둑 플린이 우연히 탑에 들어오면서 라푼젤의 인생이 달라졌습니다. 라푼젤은 플린과 함께 탑을 떠나, 세상 속으로 등불을 보러 가는 모험을 시작했어요. 처음 보는 세상은 두렵기도 했지만, 새로운 사람들과 장소를 경험하며 점점 용기를 얻게 되었어요.

라푼젤은 진짜 세상은 마녀가 말하던 것보다 훨씬 아름답다는 것을 깨달았습니다. 마침내 라푼젤은 자신이 공주라는 사실을 알게 되었고, 마녀의 거짓말에서 벗어났어요. 그녀는 가족을 다시 만나 진정한 자유를 찾았고, 플린과 함께 새로운 꿈을 향해 나아갔어요. 라푼젤은 이제 두려움에 갇히지 않고, 자신만의 세상을 만들어 가게 되었답니다.

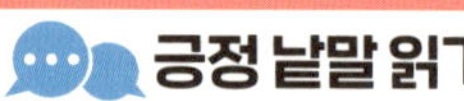

긍정 낱말 읽기　　낱말의 뜻과 활용 예문을 읽어 보세요.

라푼젤은 처음으로 자유로운 세상을 **경험했어요**.

경험해 보니, 이 일이 생각보다 쉽지 않았어요.

경험하다

자신이 실제로 하거나 겪어 보다.

새로운 환경을 **경험하며**, 다른 사람의 생각을 이해하게 되었어요.

여러 번의 실패와 도전을 거치면서, 나는 스스로를 믿는 일이 얼마나 중요한지 **경험했어요**.

 마음에 남는 말을 생각하며 문장을 따라 써 보세요.

정말 내가 해냈어.

저 멀리 있는 빛을 꼭 보고 싶어.

세상이 조금씩 새롭게 보여.

내 마음속에 빛나는 꿈이 있어.

이 문장에는 꿈과 희망, 그리고 도전이라는 소중한 가치가 담겨 있어. 라푼젤은 멀리 있는 빛을 향한 간절한 마음으로 용기 내어 세상 밖으로 나갔지. 처음으로 이룬 성취는 무엇과도 바꿀 수 없는 기쁨이 되었어. 그래서 우리는 마음속에 있는 작은 꿈과 희망이라도 소중히 지켜야 해.
너도 라푼젤처럼 두려움을 넘어, 마음속 빛나는 꿈을 끝까지 따라가는 사람이 되기를 바라!

 영화를 생각하며 질문에 답해 보세요.

• 남들과 다른 나만의 특별한 점은 무엇인가요?

• 꼭 보고 싶거나 꼭 해내고 싶은 것은 무엇인가요?

• 처음 가 본 곳에서 도전했던 경험을 써 보세요.

해 봐야 배울 수 있어

니모를 찾아서

　넓은 바다에 작은 물고기 말린과 귀여운 아들 니모가 살고 있었습니다. 말린은 예전에 가족을 잃은 적이 있어, 니모를 늘 걱정하며 지나치게 보호했어요. 호기심 많은 니모는 친구들과 어울리다 아버지의 말을 어기고 멀리 헤엄쳐 갔지요. 니모는 안타깝게도 잠수부에게 잡혀가 버렸어요.

　아빠 말린은 겁이 많았지만, 아들을 찾기 위해 드넓은 바다로 **뛰어들었습니다.** 말린은 엄벙덤벙 까먹기 대장 도리를 만나 함께 모험을 시작했어요. 두 물고기는 상어, 해파리 떼, 거대한 고래 등 무서운 위험을 만나도 포기하지 않았지요. "괜찮아! 그냥 계속 헤엄쳐!"

　한편, 니모는 어항 속 다른 물고기들과 힘을 합쳐 탈출 계획을 세웠어요. "난 할 수 있어…. 아빠가 날 기다리고 있어." 마침내 말린과 니모는 다시 만나게 되었습니다.

　이 모험을 통해 아빠 말린은 아들을 믿는 용기를 배웠고, 니모는 아빠의 사랑을 느끼며 더 강해졌답니다.

긍정 낱말 읽기　낱말의 뜻과 활용 예문을 읽어 보세요.

말린은 니모를 찾기 위해 깊은 바닷속으로 **뛰어들었어요.**

새로운 놀이에 용기 내서 **뛰어들었을** 때, 생각보다 더 재미있었어요.

뛰어들다

높은 데에서 물속으로 몸을 던지다.

내가 **뛰어들** 곳은 무섭고 깊은 물속이었어요.

너무 재미있어 보여서, 나도 프로젝트 속으로 **뛰어들었어요.**

마음에 남는 말을 생각하며 문장을 따라 써 보세요.

해 봐야 배울 수 있어.

멈추지 말고 계속 앞으로 나아가.

무슨 일이 있어도 지켜 줄게.

지금은 어려워도 언젠가는 할 수 있을 거야.

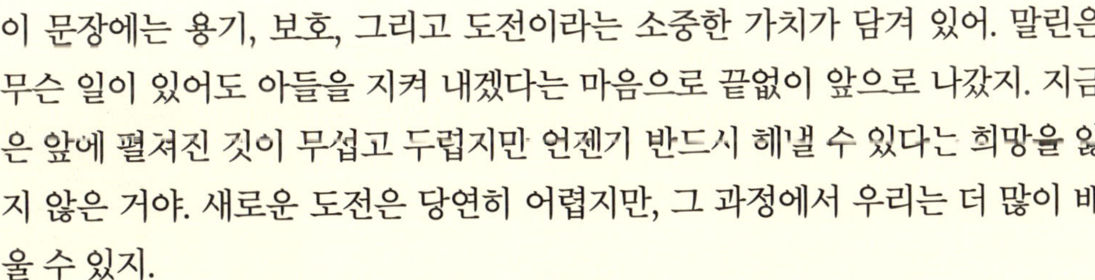

이 문장에는 용기, 보호, 그리고 도전이라는 소중한 가치가 담겨 있어. 말린은 무슨 일이 있어도 아들을 지켜 내겠다는 마음으로 끝없이 앞으로 나갔지. 지금은 앞에 펼쳐진 깃이 무섭고 두렵지만 언젠기 반드시 헤낼 수 있다는 희망을 잃지 않은 거야. 새로운 도전은 당연히 어렵지만, 그 과정에서 우리는 더 많이 배울 수 있지.
너도 말린과 니모처럼 도전을 통해 성장하는 사람이 되기를 바라!

영화를 생각하며 질문에 답해 보세요.

• 가족을 위해 무언가를 열심히 해 본 경험이 있나요?

• 그 중 지금까지 꾸준히 하고 있는 것이 있다면 써 보세요.

• 미래에 꼭 도전해 보고 싶은 일을 써 보세요.

나 자신을 믿고 싶었어

뮬란

중국의 한 마을에 뮬란이라는 씩씩한 소녀가 살고 있었습니다. 나라에 전쟁이 일어나자 황제는 집집마다 한 명씩 군대에 보내라는 명령을 내렸어요. 그때 뮬란의 아버지는 다리를 다쳐 전쟁에 나갈 수 없는 상황이었어요. 뮬란은 아버지를 지키고 싶어, 남자로 변장을 하고 아버지 대신 군대에 들어갔지요.

처음에는 무거운 갑옷과 무기, 거친 훈련이 너무 힘들었습니다. 그래서 실수도 많이 했지만 뮬란은 포기하지 않았어요. 뮬란은 작은 용 무슈와 전우들의 도움을 받으며 점점 강해지고 지혜로워졌지요. "우리 뮬란, 최고!"

마침내 전쟁터에서 뮬란은 큰 눈사태를 일으켜 적의 군대를 무너뜨렸습니다. 하지만 부상을 입은 뮬란이 여자라는 사실이 드러나 군대에서 쫓겨났지요. 이 와중에 살아남은 적의 장군이 황제를 잡으러 궁으로 향했어요. 치열한 싸움 끝에 뮬란은 황제를 구하고 나라를 지켰어요. 사람들은 그 용기와 지혜에 **감탄하며** 뮬란을 진정한 영웅으로 인정하게 되었답니다.

 **긍정 낱말 읽기**　낱말의 뜻과 활용 예문을 읽어 보세요.

뮬란을 보며 모두가 **감탄했어요**.

창밖으로 큰 무지개가 나타났을 때, 모두 **감탄했어요**.

감탄하다

정말 놀랍고 멋지다고 느끼다.

친구가 만든 레고 작품에 **감탄하다** 보니, 나도 만들고 싶어졌어요.

평소 조용하던 친구가 자신 있게 발표하는 모습을 보고 정말 **감탄했어요**.

나 자신을 믿고 싶었어.

힘든 순간을 이겨 낸 마음이 가장 멋져.

아주 작은 용기로 큰 변화를 만들 수 있어.

내 마음이 말해 주는 걸 따를래.

이 문장에는 자기 믿음, 용기, 그리고 성장이라는 소중한 가치가 담겨 있어. 뮬란은 힘든 순간을 끝까지 이겨 내며, 아주 작은 용기가 세상을 바꾸는 큰 시작이 될 수 있디는 걸 보여 주지. 우리는 스스로를 믿고 마음이 이끄는 길을 따라가야 해.
너도 뮬란처럼 작은 용기에서 시작해, 자신을 믿고 멋지게 성장하는 사람이 되기를 바라!

👤 **내 경험 쓰기** (영화를 생각하며 질문에 답해 보세요.

• 가족을 위해 용기 냈던 경험이 있나요?

• 스스로 계획해서 열심히 했던 일은 무엇인가요?

• 끝까지 노력해서 성공했던 경험에 대해 써 보세요.

특별함은 네 안에서 시작돼

위시

아샤는 아름다운 로사스 왕국에서 살고 있었습니다. 이곳의 매그니피코 왕은 백성들의 소원을 모아 지켜 주는 것처럼 보였어요. 하지만 왕은 사람들의 소원을 자기 마음대로 숨기고, 자신에게 필요한 소원만 이루어 주고 있었지요. 아샤가 이 사실을 알게 되었어요.

정의롭고 용감한 아샤는 모든 백성들의 소원을 되찾기 위해 하늘에 간절히 **빌었습니다.** 그러자 반짝이는 작은 별이 내려왔어요. "네 마음은 진짜 소원을 알고 있어!"

별과 아샤는 힘을 모아 왕국을 바꾸기 위한 모험을 시작했어요. 아샤는 진정한 힘은 스스로에 대한 믿음과 함께하는 마음에 있다는 걸 깨달았지요.

왕의 방해와 위험한 함정이 도사리고 있었지만, 아샤와 별은 포기하지 않았습니다. 결국 왕이 숨겨 둔 소원들을 모두 되찾아 백성들에게 돌려주게 되었지요. 사람들은 꿈과 웃음을 되찾았고, 왕국은 따뜻한 희망으로 가득 찼어요. 아샤는 자신의 용기와 희망이 모두의 미래를 바꿀 수 있다는 것을 알게 되었답니다.

긍정 낱말 읽기 (낱말의 뜻과 활용 예문을 읽어 보세요.

아샤는 별에게 간절히 **빌었어요.**

내일 운동회에 비가 오지 말라고 **빌었어요.**

빌다

어떤 일이 이루어지기를 간절히 바라다.

내가 심은 씨앗에서 싹이 나길 **빌면서,** 정성껏 물을 주었어요.

내년에는 단짝 친구와 꼭 같은 반이 되게 해달라고 밤마다 **빌었어요.**

특별함은 네 안에서 시작돼.

간절한 마음이 꿈을 이루어 주지.

용기 내어 말하면 꿈에 가까워져.

진심은 언제나 마음속에 남아 있어.

이 문장에는 꿈과 진심, 그리고 용기라는 소중한 가치가 담겨 있어. 간절히 바라는 마음은 결국 꿈으로 자라나. 그리고 사실 그 바람은 이미 우리 안에서 시작되고 있어. 우리도 모두 스스로 빛이 되어 세상을 밝힐 수 있다는 희망을 갖자. 그것이 어려워 보여도 용기를 내어 꿈을 말하는 순간, 그 꿈은 훨씬 더 가까워져. 너도 아샤처럼 간절한 마음을 믿고, 스스로 빛나는 사람이 되기를 바라! 그렇게 하면 원하는 미래가 너를 맞이할 거야.

👤 **내 경험 쓰기** 〉 영화를 생각하며 질문에 답해 보세요.

• 마음속에 가지고 있는, 꼭 이루고 싶은 소원을 써 보세요.

• 내가 잘해서 뿌듯했던 일에 대해 써 보세요.

• 친구나 가족에게 희망이나 용기를 준 경험은 무엇인가요?

진짜 나를 찾는 중이야

 메이의 새빨간 비밀

13살 소녀 메이는 늘 완벽한 딸이 되려고 애쓰는 아이였습니다. 하지만 한 가지 비밀이 있었어요. 어느 날 아침, 메이는 깜짝 놀랄 변화를 **겪은** 거예요. 메이가 긴 털과 귀여운 얼굴을 가진 커다란 붉은 판다로 변해 버렸습니다! "으악!" 알고 보니 메이의 집안 여자들에게는 강한 감정을 느끼면 판다로 변하는 특별한 힘이 있었어요.

메이는 변신을 숨기려고 했지만, 친구들은 판다 모습의 메이를 재미있고 사랑스럽게 생각했습니다. 하지만 엄마는 "판다의 힘을 봉인해야 해!"라고 했고, 메이는 친구들과 엄마 사이에서 갈등했어요. 중요한 콘서트 날, 메이는 엄마의 말을 어기고 친구들을 돕기 위해 판다 모습으로 달려갔어요.

그 과정에서 메이와 엄마는 서로의 진심을 이해하게 되었지요. 다른 생각 때문에 부딪혔지만, 사실 서로를 누구보다 사랑하고 있다는 걸 알게 되었어요. 결국 메이는 판다의 힘이 자신의 개성과 용기의 상징임을 깨닫고 받아들이기로 했어요. 마침내 메이는 친구, 가족과 함께 자신답게 살아가는 길을 선택했답니다.

💬 긍정 낱말 읽기 (낱말의 뜻과 활용 예문을 읽어 보세요.

메이는 어른이 되어가는 과정에서 많은 감정의 변화를 **겪었어요.**

모둠 친구들과 의견 마찰을 **겪으며,** 서로 다른 생각을 조율하는 방법을 배웠어요.

겪다

어떤 일을 몸이나 마음으로 직접 경험하다.

급하게 나올 때 양말을 짝짝이로 신고 나오는 일, 한 번쯤은 **겪었지요?**

친구와 사소한 말다툼이 오해로 번지는 바람에, 며칠 동안 마음 고생을 심하게 **겪었어요.**

진짜 나를 찾는 중이야.

난 내 맘대로 해 보고 싶어.

진짜 나로 살아가는 게 행복해.

난 내 방식대로 살아갈래.

이 문장에는 자기 표현, 자신감, 그리고 행복이라는 소중한 가치가 담겨 있어. 메이는 남의 시선에 자신을 맞추지 않고 스스로의 방식대로 살아가는 용기를 보여 주지. 좋아하는 걸 부끄러워하지 않고 당당히 표현하는 순간, 진짜 나를 찾을 수 있어. 그때 우리는 나답게 사는 것이 얼마나 소중한지 배울 수 있지.
너도 메이처럼 자신을 솔직히 드러내고, 너답게 살아가는 용감한 사람이 되기를 바라!

👤 **내 경험 쓰기** 영화를 생각하며 질문에 답해 보세요.

- 처음엔 맘에 들지 않았지만 나중에 소중하게 느껴진 내 모습이나 버릇이 있나요?

- 친구들이 있어서 용기 낸 경험에 대해 써 보세요.

- 가족에게 진심을 전했던 경험에 대해 써 보세요.

마음이 더 중요해

하울의 움직이는 성

　　모자 가게에서 일하는 소피는 평범하게 살아가던 소녀였습니다. 하지만 마법사 하울을 우연히 만난 뒤, 소피는 질투심 많은 마녀의 저주에 걸렸어요. 할머니 모습으로 변해 버린 것이지요. "앗, 어떡해!"

　　소피는 저주를 풀기 위해 산속을 여행하다 하울의 움직이는 성에 들어가게 되었습니다. 성 안에는 불꽃 악마 캘시퍼와 하울의 제자 마르클이 살고 있었어요. 소피는 성에서 살며 하울의 비밀을 알게 되었어요. 하울은 겉으로는 멋지고 자유로워 보였지만, 사실은 전쟁에 휘말려 지쳐 있었지요.

　　소피는 하울이 마음속 두려움과 상처를 이겨 내도록 도와주었고, 하울도 소피가 저주에서 벗어나도록 힘을 보태 주었습니다. 위험한 싸움이 있었지만, 소피는 포기하지 않고 하울과 친구들을 지켜 냈어요. 마침내 소피는 저주에서 풀려나고, 하울과 함께 성에서 새로운 삶을 시작하게 되었지요. 소피는 진정한 용기 덕분에 두려움을 이겨 내고 사랑하는 사람을 **지키게** 되었답니다.

긍정 낱말 읽기　（　낱말의 뜻과 활용 예문을 읽어 보세요.

하울은 위험한 순간에도 소피를 끝까지 **지켰어요**.

지키다

약속, 규칙, 사람, 마음 등을 소중히 보호하거나 그대로 따르다.

작은 약속 하나하나를 **지키다** 보니, 서로에 대한 믿음이 쌓였어요.

두 친구는 늘 약속을 **지키며** 서로에게 큰 힘이 되어 주었어요.

그는 스스로 세운 약속을 묵묵히 **지켜** 나갔어요.

너의 겉모습보다 마음이 더 중요해.

내가 좋아하는 사람은 꼭 지킬 거야.

힘들 때일수록 진정한 빛이 드러나지.

지금 배운 것이 언젠가 나를 도와줄 거야.

이 문장에는 사랑과 믿음, 그리고 스스로를 발견하는 힘이 담겨 있어. 소피는 사랑하는 사람을 지키기 위해 끝까지 포기하지 않고 앞으로 나아가. 겉모습보다 마음이 더 중요하다는 말은 우리가 진짜로 소중히 여겨야 할 게 무엇인지 알려주지. 힘든 순간에도 스스로를 믿을 때 비로소 마음속 빛이 드러나.
너도 소피처럼 사랑과 믿음을 잃지 않고 끝없이 앞으로 나아가는 사람이 되기를 바라!

내 경험 쓰기 영화를 생각하며 질문에 답해 보세요.

• 어려운 상황이었지만 희망을 가진 순간이 있나요?

• 무섭지만 용기를 냈던 경험에 대해 써 보세요.

• 누군가로 인해 힘을 얻은 경험에 대해 써 보세요.

난 항상 너와 함께야

 **빅 히어로**

천재 소년 히로는 로봇 만들기를 좋아했습니다. 형 타다시는 자신이 만든 치료 로봇 베이맥스를 히로에게 보여 주며 말했어요. "너도 재능을 좋은 일에 쓰길 바랄게."

그런데 어느 날 의문의 화재로 형이 세상을 떠나고, 히로는 슬픔에 빠졌지요. 로봇 베이맥스는 형이 남긴 단서를 발견했고, 둘은 화재 사건의 진실을 찾기로 했어요.

단서를 따라가던 중 가면을 쓴 정체 불명의 인물이 히로 앞에 나타났어요. 히로는 형의 친구들과 힘을 합쳐 슈퍼히어로 팀을 만들었지요. 서로 다른 능력을 가진 친구들은 처음에는 삐그덕거리며 호흡이 맞지 않았습니다. 하지만 차츰 서로를 믿고 **의지하게** 되었어요.

위험한 싸움 속에서 히로는 복수를 택할지, 용서를 택할지 고민했어요. 베이맥스와 친구들은 히로의 올바른 선택을 도왔어요.

마침내 악당의 계획이 드러나고, 슈퍼히어로 팀은 지혜와 용기로 위기를 막아 냈지요. 히로는 '다른 사람을 돕는 것이 진정한 영웅'이라는 걸 깨닫게 되었답니다.

 **긍정 낱말 읽기**　낱말의 뜻과 활용 예문을 읽어 보세요.

히로는 힘든 순간마다 베이맥스에게 **의지했어요**.

의지할 사람이 있으니, 고민이 쉽게 풀렸어요.

의지하다

다른 것에 몸이나 마음을 기대어 도움을 받다.

친구는 가족에게 **의지하며** 마음을 가라앉혔어요.

이곳에서는 모두가 서로를 **의지했어요**.

난 항상 너와 함께야.

내가 널 도울 수 있어서 기뻐.

너는 언제나 내 마음속에 살아 있어.

너를 끝까지 지켜 줄게.

이 문장에는 우정과 위로라는 소중한 마음이 담겨 있어. 베이맥스는 언제나 히로에게 든든한 힘이 되어 주지. 끝까지 함께하며 지켜 주겠다는 다짐은 진짜 친구의 모습이기도 해.
너도 베이맥스처럼 곁을 따뜻하게 지켜 주고, 힘든 순간엔 마음을 다해 위로해 줄 수 있는 친구가 되기를 바라! 그리고 사랑하는 사람을 잊지 않고 마음속에 꼭 간직해야겠지.

내 경험 쓰기 〉 영화를 생각하며 질문에 답해 보세요.

- 내가 슬플 때 곁에 있어 준 사람은 누구인가요?

- 나만의 특별한 친구가 있나요? 어떤 점이 특별한가요?

- 친구와 함께 힘을 모아 성공한 경험에 대해 써 보세요.

넌 내 마음속 1등 친구야

인사이드 아웃

라일리 가족은 새로운 도시로 이사하게 되었습니다. 낯선 집, 새로운 학교, 친구 없는 생활은 라일리에게 큰 변화였지요.

한편 라일리 안에는 기쁨, 슬픔, 버럭, 까칠, 소심이라는 다섯 가지 감정이 함께 살고 있었어요. 평소에는 기쁨이 라일리를 이끌었지만, 이사 후에는 슬픔이 자꾸 커졌어요. 어느 날, 실수로 기쁨과 슬픔이 머릿속 본부에서 멀리 떨어진 곳으로 가게 되었어요. 두 감정은 본부로 돌아가기 위해 기억 속 세상을 여행했어요. "어서 돌아가자!"

가는 길에서 라일리의 상상 속 친구 빙봉의 도움을 받았지만, 돌아오는 길은 쉽지 않았어요. 라일리는 점점 무기력해지고, 부모님과도 멀어졌지요.

온갖 어려움 끝에 기쁨과 슬픔은 본부로 돌아와 함께 라일리를 움직이게 했어요. 이 과정에서 때로는 슬픔이 라일리의 마음을 **치유한다는** 것을 깨닫게 되지요. 라일리는 부모님께 힘든 마음을 털어놓았고, 가족은 서로를 안아 주었어요. 라일리에게 새로운 추억과 희망이 자라기 시작했답니다.

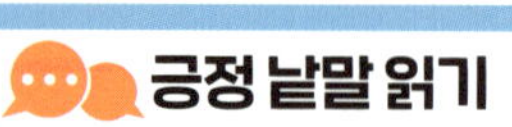 **긍정 낱말 읽기** 낱말의 뜻과 활용 예문을 읽어 보세요.

라일리는 가족의 따뜻한 품에서 외로운 마음을 **치유했어요**.

속상했던 기분을 그림으로 **치유하며**, 점점 미소를 되찾았어요.

치유하다

아픈 몸이나 마음을 고치다.

힘든 마음을 엄마께 털어놓고 내 마음이 **치유되었어요**.

다시 도전하는 순간, 실패의 속상함이 조금씩 **치유되었어요**.

마음에 남는 말을 생각하며 문장을 따라 써 보세요.

넌 내 마음속 1등 친구야.

친구가 널 기다리고 있어.

지금은 쉬고 싶어, 조금만 기다려 줘.

기쁨은 슬픔을 지나온 뒤에 와.

이 문장에는 감정의 소중함과 서로를 이해하는 힘이 담겨 있어. 라일리는 기쁨뿐만 아니라 슬픔도 꼭 필요한 감정이라는 걸 알게 되지. 힘든 순간에 눈물을 흘리는 건 마음을 치유하는 과정이야. 모든 감정은 나를 이루는 소중한 부분이고, 함께 살아가는 힘이 되지.
너도 라일리처럼 자신의 감정을 솔직하게 받아들이고, 다른 사람의 마음에도 귀 기울일 줄 아는 따뜻한 사람이 되기를 바라!

영화를 생각하며 질문에 답해 보세요.

• 기쁨, 슬픔, 화 같은 감정을 강하게 느낀 순간은 언제인가요?

• 슬펐던 경험이 오히려 도움이 된 순간이 있나요?

• 친구와 함께 힘을 모아 성공한 경험에 대해 써 보세요.

네 곁엔 항상 내가 있어

토이 스토리

앤디는 장난감을 무척 아끼는 소년이었습니다. 앤디가 가장 좋아하는 장난감은 카우보이 인형 우디였지요. 우디는 앤디의 사랑을 받으며 장난감 친구들의 리더 역할을 했어요.

하지만 어느 날, 새로운 장난감 버즈가 집에 오면서 상황이 달라졌어요. 버즈는 자신이 진짜 우주 비행사라고 믿었고, 우디는 앤디의 사랑을 빼앗길까 봐 걱정했지요.

질투와 오해 속에서 두 장난감은 다투다가 집 밖으로 떨어지고 말았습니다. 우디와 버즈는 집으로 돌아가기 위해 힘을 합칠 수밖에 없었어요. 마음은 불편했지만, 함께하지 않으면 방법이 없다는 걸 알았어요.

둘은 위험한 상황을 함께 **이겨 내며** 조금씩 서로를 이해하게 되었어요. 버즈는 자신이 장난감이라는 사실을 받아들였고, 우디는 버즈를 진정한 친구로 인정하게 되었어요. "그래, 우리는 친구야!"

마침내 두 친구는 무사히 집으로 돌아와 앤디의 품에 안겼지요. 그리고 그날 이후, 우디와 버즈는 서로를 지켜 주는 최고의 친구가 되었답니다.

긍정 낱말 읽기 　낱말의 뜻과 활용 예문을 읽어 보세요.

우디와 버즈는 오해를 풀고 함께 위기를 이겨 냈어요.

달리기 연습의 힘든 순간을 이겨 내며 끝까지 완주할 힘을 키웠어요.

이겨 내다

어려움이나 힘든 상황을 참고 견디어 넘기다.

어려운 문제를 풀다가 포기하고 싶은 마음을 이겨 냈어요.

시험을 앞두고 불안한 마음을 차근차근 이겨 냈어요.

네 곁엔 항상 내가 있어.

우리는 언제나 같은 편이야.

최고의 사랑은 곁에 있어 주는 거야.

널 보는 게 나한테는 제일 소중해.

이 문장에는 우정과 사랑, 그리고 변하지 않는 믿음이 담겨 있어. 우디와 버즈는 언제 어디서든 서로의 곁을 지켜 주었지. 곁에 있어 주는 것만으로도 큰 힘이 되니까. 서로를 바라보며 함께한 순간들은 무엇과도 바꿀 수 없는 소중한 기억이야. 시간이 흘러도 그 추억은 마음속에 오래도록 남아 두 친구를 이어 주지. 너도 우디와 버즈처럼 소중한 친구 곁을 지켜 주고, 오래오래 함께할 추억을 만들어 가기를 바라!

내 경험 쓰기 영화를 생각하며 질문에 답해 보세요.

• 처음엔 서먹했지만 나중에 친해진 친구가 있나요?

• 내가 아끼는 소중한 물건에 대해 써 보세요.

• 친구와 함께 모험을 떠난 경험에 대해 써 보세요.

너라면 꼭 해낼 수 있어

주토피아

토끼 주디는 어릴 적부터 멋진 경찰이 되고 싶었습니다. 주디는 노력 끝에 동물 도시 주토피아의 첫 번째 토끼 경찰이 되었어요. 하지만 동료들은 몸집이 작은 주디를 믿어 주지 않았어요. "넌, 주차 단속이나 하렴."

그러던 중, 도시에서 동물들이 하나둘 사라지는 사건이 벌어졌습니다. 주디는 스스로 기회를 잡기 위해 이 사건을 해결하겠다고 나섰어요. 하지만 단서는 여우 사기꾼 닉이 쥐고 있었고, 두 동물은 서로를 믿지 못한 채 함께 수사를 시작했어요.

위험한 추격과 예기치 않은 사건 속에서 주디와 닉은 조금씩 서로를 이해하게 되었어요. 닉은 주디에게 거리에서 살아남는 법을, 주디는 닉에게 믿음을 가르쳐 주었어요. 결국 두 친구는 사건의 진범을 **밝혀내고**, 주토피아의 평화를 되찾았어요. 주디와 닉은 이제 서로를 완벽히 믿는 최고의 파트너가 되었고, 어떤 사건도 함께 해결할 준비가 되었답니다.

긍정 낱말 읽기 낱말의 뜻과 활용 예문을 읽어 보세요.

주디와 닉은 포식자 동물들이 사나워진 이유를 끝까지 **밝혀냈어요**.

내가 일기장을 못 찾았던 이유를 **밝혀냈어요**.

밝혀내다

숨겨져 있거나 드러나지 않은 사실을 알아내다.

퍼즐 모양의 규칙을 **밝혀내며**, 그림이 점점 선명해졌어요.

수학 문제를 자꾸 틀리는 이유는, 내가 중간 계산을 빼먹기 때문이라는 걸 **밝혀냈어요**.

너라면 꼭 해낼 수 있어.

서로 달라도 친구가 될 수 있어.

넌 생각보다 훨씬 소중해.

친구랑 함께라면 뭐든 할 수 있어.

이 문장에는 다양성, 존중, 그리고 우정이라는 소중한 가치가 담겨 있어. 주디와 닉은 서로 너무 달랐지만 결국에는 마음을 열고 진정한 친구가 되었지. 때로는 실수도 하지만, 진심으로 사과하고 노력하면 더 나은 친구가 될 수 있어. 혼자가 아니라 함께할 때 훨씬 큰 힘을 낼 수 있지.
너도 주디와 닉처럼 서로의 차이를 존중하고, 친구와 함께 멋진 꿈을 이루는 사람이 되기를 바라!

내 경험 쓰기 〈 영화를 생각하며 질문에 답해 보세요.

- 친구 덕분에 힘이 난 순간은 언제였나요?

- 서로 많이 다르지만 함께 어울리는 친구가 있나요?

- 친구 덕분에 좋은 쪽으로 변화한 경험에 대해 써 보세요.

넌 아주 특별한 사람이야

알라딘

옛날 어느 마을, 착하지만 가난한 청년 알라딘이 살고 있었습니다. 알라딘은 원숭이 친구 아부와 함께 매일 모험 같은 하루를 보냈어요. 언젠가 자신의 삶을 바꿀 기회를 꿈꾸고 있었지요. 그러던 어느 날, 시장에서 변장한 공주 자스민을 우연히 만나게 되었고, 금세 사랑에 빠졌습니다. '와, 공주님이 정말 아름답구나!'

한편 사악한 왕실 마법사 자파는 알라딘에게 마법의 동굴에 들어가서 램프를 가져오게 했습니다. 자파의 꾀임에 속아 동굴에 들어간 알라딘은 신비한 램프를 찾고 요정 지니를 만나게 되었어요. 지니는 소원을 들어 주는 강력한 요정이었지요. 알라딘은 지니의 도움으로 멋진 왕자로 변신해 궁전에 들어가 자스민과 시간을 보냈어요. 하지만 가만히 있을 자파가 아니었지요. 알라딘의 램프를 빼앗아 왕국을 **차지하려고** 했어요. 다행히도 알라딘은 지니와 아부, 그리고 자스민과 힘을 합쳐 자파의 계획을 막아 냈어요. 모든 일이 끝난 뒤, 알라딘은 지니를 자유롭게 해 주었고, 자스민과 함께 서로의 진심을 믿으며 새로운 미래를 향해 나아갔답니다.

 긍정 낱말 읽기   낱말의 뜻과 활용 예문을 읽어 보세요.

자파는 마법 램프를 손에 넣어 세상의 힘을 모두 **차지했어요**.

그 자리를 **차지한** 사람은 친구가 아니라 나였어요.

차지하다

자기 몫이나 권리로 가지다.

내 작품이 게시판 한쪽을 **차지하며** 교실 분위기가 더 밝아졌어요.

키가 큰 기린을 그렸더니, 스케치북에서 꽤 넓은 공간을 **차지했어요**.

넌 아주 특별한 사람이야.

지금 그대로가 제일 멋져.

무서울 때도 해 보는 게 용기야.

이제 너 하고 싶은 대로 해.

이 문장에는 자기 존중, 용기와 자유라는 소중한 가치가 담겨 있어. 알라딘은 자스민에게 함께 세상을 보자고 손을 내밀어 새로운 길을 열어 주었지. 알라딘과 자스민은 따뜻한 마음으로 있는 그대로의 모습을 서로 사랑했어.
너도 알라딘처럼 두려움 없이 도전하고, 자스민처럼 자신을 믿는 멋진 사람이 되기를 바라! 그리고 있는 그대로의 자신을 사랑하고 인정하는 사람이 되기를 바라!

내 경험 쓰기 영화를 생각하며 질문에 답해 보세요.

- 친구에게 나의 진짜 모습을 보여 준 순간은 언제인가요?

- 친구와 서로 의지한 경험에 대해 써 보세요.

- 친구를 위해 노력한 경험에 대해 써 보세요.

네 덕분에 용기를 냈어

루카 

루카는 바닷속 마을에 사는 바다 괴물 소년이었습니다. 루카는 매일 물고기를 돌보며 지냈지만, 갈수록 바깥 세상에 대한 호기심이 커졌어요. "바다 위가 너무 궁금해."

루카는 어느 날, 모험심 가득한 친구 알베르토를 만나면서 처음으로 바다 위 세상에 올라가게 되었어요. 둘은 육지에 올라가면 사람 모습으로 변신할 수 있었지요.

루카와 알베르토는 작은 해변 마을에서 3종 경기에 참가하기로 했습니다. 그곳에서 친절한 소녀 줄리아와 친해져, 셋은 서로 돕는 친구가 되었어요. 하지만 대회 전날 다툼 끝에 알베르토의 정체가 드러나고, 루카 역시 비밀이 탄로 나고 말았어요. 다행히 세 친구

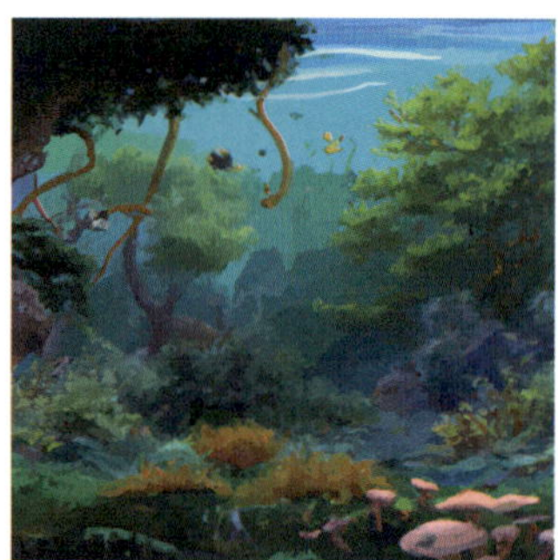

는 힘을 합쳐 대회에서 승리했어요. 마을 사람들은 바다 괴물도 자신들과 다르지 않다는 것을 알게 되었습니다.

루카는 가족과 친구들에게 작별을 고하고, 새로운 세상을 배우기 위해 줄리아와 함께 도시로 향했어요. 그 여름, 루카는 진정한 우정이란 서로를 있는 그대로 **받아들이는** 마음이라는 것을 배웠답니다.

긍정 낱말 읽기   낱말의 뜻과 활용 예문을 읽어 보세요.

루카는 자신이 바다 괴물이라는 사실을 용기 내어 **받아들였어요.**

받아들이다

의견이나 사실, 다른 사람이나 상황을 인정하고 그대로 맞이하다.

나는 조금씩 친구의 조언을 **받아들이기** 시작했어요.

내가 **받아들인** 건, 피구에서 우리 팀이 질 수도 있다는 사실이에요.

우리는 져서 속상했지만 과정이 중요하다는 사실을 **받아들였어요.**

  마음에 남는 말을 생각하며 문장을 따라 써 보세요.

네 덕분에 용기를 냈어.

너를 좋아해 주는 친구는 꼭 있어.

난 겁나지 않아.

난 항상 네 편이야.

이 문장에는 우정과 용기, 그리고 서로를 지켜 주는 마음이 담겨 있어. 루카는 친구 덕분에 두려움을 이겨 내고 세상에 한 발 더 나아갈 수 있었지. 함께할 때 진정한 용기가 생긴다는 건 친구가 주는 가장 큰 선물이야. 언제나 내 편이 되어 주는 친구는 세상에서 가장 든든한 힘이 되지.
너도 루카와 알베르토처럼 서로를 믿고 응원하며, 함께 성장하는 멋진 친구가 되기를 바라!

  영화를 생각하며 질문에 답해 보세요.

• 친구와 둘이서만 나눈 비밀이 있나요?

• 친구들이 이해해 주길 바라는 내 모습은 무엇인가요?

• 친구랑 함께한 기억 중 가장 행복한 순간은 언제였나요?

중요한 건 믿음이야

온워드: 단 하루의 기적

　마법이 사라진 세상에 사는 형제 이안과 발리는 어릴 때 아버지를 잃었습니다. 이안이 16살 되는 날, 형제는 아버지가 남긴 마법 지팡이와 주문을 받았어요. 그 주문은 아버지를 하루 동안 볼 수 있게 해 주는 것이었어요. 하지만 마법이 잘못되어 아버지의 하반신만 나타났어요. "앗, 어떻게 된 거지?" 형제는 아버지의 온전한 모습을 보기 위해 모험을 떠났습니다.

　이안은 마법을 거의 써 본 적이 없었지만, 형 발리의 응원을 받으며 조금씩 힘을 키워 갔어요. 가는 길에 형제는 무서운 괴물, 위험한 다리, 수수께끼 같은 지도를 **마주했어요**. 둘은 실수도 하고 다투는 일도 있었지만, 서로를 믿으며 다시 길을 이어갔지요.

　마침내 목적지에 도착했을 때, 이안은 중요한 사실을 깨달았습니다. '발리 형이 나한테는 아버지처럼 든든한 사람이야.'라는 것이지요. 발리는 아버지와 짧은 작별 인사를 했고, 이안은 멀리서 그 모습을 지켜보았어요. 형제는 모험을 통해 진정한 가족의 의미를 깨달았답니다. 서로를 아끼고 위해 주는 사랑이 얼마나 큰 힘이 되는지도요.

긍정 낱말 읽기　낱말의 뜻과 활용 예문을 읽어 보세요.

이안과 발리는 미완성된 마법 때문에 반쪽만 돌아온 아빠와 **마주했어요**.

나는 다시 시작해야 한다는 현실을 **마주했어요**.

마주하다

서로 얼굴을 대하고 맞이하다. 어떤 일이나 상황을 맞닥뜨리다.

내가 **마주하게** 된 건 친구의 화난 얼굴이었어요.

나는 역할을 해내지 못한 채, 친구들에게 사과해야 하는 순간을 **마주했어요**.

  마음에 남는 말을 생각하며 문장을 따라 써 보세요.

중요한 건 믿음이야.

난 네가 꼭 성공할 거라 믿어!

오늘 하루를 놓치면 안 돼.

항상 내 편이 되어 줘서 고마워.

이 문장에는 믿음, 가족에 대한 사랑이 담겨 있어. 형제는 서로를 믿으며 마지막까지 희망을 붙잡고 도전을 이어갔지. 진짜 힘은 특별한 마법이 아니라 서로에 대한 마음에서 나온다는 걸 보여 줘. 늘 곁에 있어 주는 가족의 사랑은 어떤 어려움도 이겨 내는 가장 큰 힘이 된단다.
너도 이안과 발리처럼 가족을 믿고 의지하며, 지금 주어진 시간을 소중히 여기는 사람이 되기를 바라!

  영화를 생각하며 질문에 답해 보세요.

• 가족과 싸웠지만 화해한 경험이 있나요?

• 가족과 함께 특별한 시간을 보낸 경험에 대해 써 보세요.

• 가족이나 친구에게 용기를 준 순간에 대해 써 보세요.

난 나를 믿어

씽

　　코알라 버스터 문은 오래된 극장을 운영하고 있었습니다. 극장 관객이 점점 줄고 있어서 버스터는 계획을 하나 세웠어요. '극장을 살리려면 노래 경연을 열어야겠어!' 모두가 무모한 도전이라고 말했지만, 버스터는 극장을 이대로 둘 수 없었어요.

　　그런데 전단지에 엄청난 상금이 걸린 것으로 인쇄되는 바람에, 수많은 동물 지원자들이 몰려온 거예요! 부끄럼 많은 코끼리 미나는 무대에 서는 게 두려웠지만, 노래를 포기하고 싶지 않았어요. 바쁜 엄마 돼지 로지타, 거리의 생쥐 가수 마이크, 락을 사랑하는 고슴도치 애쉬, 춤과 노래를 좋아하는 고릴라 자니도 참가했어요. 리허설이 쉽지 않았지만 버스터는 포기하지 않고 모두에게 용기를 주었어요.

　　경연 날, 불행히도 극장이 무너져 버렸지만, 참가자들은 야외 무대에서 공연을 이어갔습니다. 그들의 노래와 열정은 사람들의 마음을 움직였고, 무너진 극장을 다시 **재건하기** 시작했어요.

　　버스터와 친구들은 음악이 사람들을 하나로 묶는 힘이라는 것을 깨닫고, 함께 새로운 꿈을 꾸게 되었답니다.

긍정 낱말 읽기 　 낱말의 뜻과 활용 예문을 읽어 보세요.

버스터는 친구들과 힘을 합쳐 무너진 극장을 **재건했어요**.

그들이 **재건한** 건, 단순히 건물이 아니라 모두의 꿈과 희망이었어요.

재건하다

무너진 것이나 잃어버린 것을 다시 세우다.

무너진 성을 **재건하면서**, 더 튼튼하게 쌓을 방법을 생각했어요.

축구 경기에서 진 뒤, 피나는 연습으로 팀의 자신감을 **재건했어요**.

 마음에 남는 말을 생각하며 문장을 따라 써 보세요.

난 나를 믿어.

진짜 멋진 건 너답게 하는 거야.

넌 꼭 해낼 수 있어.

넘어져도 괜찮아, 일어나면 돼.

이 문장에는 자신에 대한 믿음, 도전, 그리고 협력이라는 소중한 가치가 담겨 있어. 진짜 멋진 것은 남을 흉내 내는 게 아니라, 나답게 하는 것에서 시작되지. 실패는 끝이 아니라 더 나아가기 위한 과정이라는 걸 잊지 말아야 해. 그리고 혼자가 아니라 함께할 때 더 큰 가능성이 열려 있어.
너도 버스터와 친구들처럼 자신을 믿고, 친구와 함께 도전하는 용감한 사람이 되기를 바라!

 영화를 생각하며 질문에 답해 보세요.

- 친구에게 응원을 받아 힘이 난 순간이 있나요?

- 꿈을 이루기 위해 지금 노력하고 있는 것은 무엇인가요?

- '나' 다운 것이 무엇인지 쓰거나 그려 보세요.

넌 그냥 있는 그대로 멋져

위시 드래곤

중국 상하이에 사는 대학생 딘은 어릴 적 가장 친했던 리나를 오래 만나지 못했습니다. 리나는 아빠와 함께 상하이를 떠나 부유한 모델이 되었지요. 딘과는 다른 세상에 사는 사람이 된 거예요.

어느 날, 딘은 우연히 신비한 주전자를 발견했습니다. 주전자에는 소원을 들어주는 용인 롱이 갇혀 있었지요. "난 옛날에 욕심 때문에 용이 되었단다. 누군가의 세 가지 소원을 이뤄 줘야 하늘로 돌아갈 수 있어."

그런 롱 덕분에 딘은 부자가 될 수 있었습니다. 딘은 리나를 다시 만나려 했지만 롱의 힘을 노리는 악당들이 나타났지요. 악당과 싸우면서 딘은 돈보다 소중한 것을 깨닫습니다. 롱 또한 딘과의 우정을 통해 진정한 행복이 무엇인지 알게 되었어요.

마침내 딘은 리나에게 자신의 마음을 전했고, 리나도 성공만 **좇던** 삶에서 벗어나 옛 친구와의 우정 속에서 기쁨을 찾았어요. 딘과 리나는 서로를 응원하며 앞으로도 변함없는 친구로 남기로 했답니다.

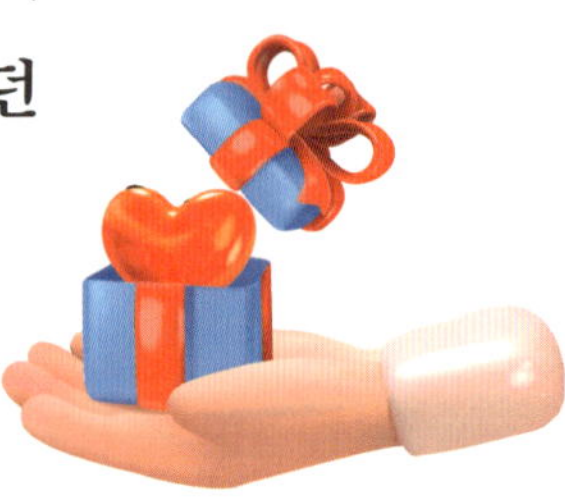

긍정 낱말 읽기 낱말의 뜻과 활용 예문을 읽어 보세요.

딘은 어린 시절의 우정을 찾기 위해 끝까지 꿈을 **좇았어요**.

발표를 잘하고 싶다는 바람을 **좇아**, 거울을 보고 연습을 계속 했어요.

좇다

어떤 목표나 이상을 이루려고 따라가다.

내가 **좇은** 건, 부와 명예가 아니라 진심 어린 우정이었어요.

실수 속에서도 다시 시작할 용기를 **좇았어요**.

넌 그냥 있는 그대로 멋져.

넌 내게 꼭 필요한 친구야.

네가 내 친구라서 자랑스러워.

우리는 언제나 함께야.

이 문장에는 우정과 자존감, 그리고 함께하는 힘이 담겨 있어. 있는 그대로도 충분히 멋지다고 믿을 때 우리는 자신을 더 사랑할 수 있지. 진짜 친구는 곁에 있는 것만으로도 큰 힘이 되고, 서로를 자랑스럽게 여길 때 우정은 디 단단해저. 그런 둘이 함께 걸을 때 그 길은 더 즐겁고, 두려움도 작아지지.
너도 딘과 롱처럼 진심으로 서로를 아끼며, 함께할 때 더 빛나는 우정을 가진 사람이 되기를 바라!

내 경험 쓰기 (영화를 생각하며 질문에 답해 보세요.

• 친구와 함께 꼭 해 보고 싶은 일은 무엇인가요?

• 친구와 다시 만나서 기뻤던 경험에 대해 써 보세요.

• 친구를 위해 특별히 해 준 경험에 대해 써 보세요.

날 믿어 줘서 고마워

 **마이 리틀 포니: 새로운 희망**

　어스포니, 유니콘, 페가수스 종족이 조화를 이루며 살던 세계. 알 수 없는 이유로 서로를 믿지 않고 멀찍이 떨어져 지냈어요. 다른 종족에 대한 두려움도 깊어만 갔지요.

　하지만 어스포니의 써니는 "우린 예전처럼 친구가 될 수 있어!" 라고 믿었어요. 써니는 어느 날 길 잃은 유니콘 이즈를 만나게 되었어요. 다른 종족이지만 운명처럼 친구가 된 둘은 잃어버린 세계의 마법과 우정을 찾기 위해 머나먼 여행을 떠나지요. 여행길에서 만난 페가수스 공주들도 함께하게 되었어요.

　하지만 세 종족은 여전히 서로를 의심했고, 마법을 되찾는 일은 쉽지 않았어요. 어려움 속에서 써니와 친구들은 진정한 친구가 되어 갑니다. 서로 다른 모습이 아니라 상대를 배려하는 마음이 중요하다는 것을 배운 것이지요.

"이제 우리 모두, 진짜 친구가 되었어!"

　우여곡절 끝에 세 종족이 힘을 모으자, 사라졌던 마법이 **되살아났어요.** 모두 기뻐하며, 세상은 다시 밝고 평화로워졌답니다.

긍정 낱말 읽기 　낱말의 뜻과 활용 예문을 읽어 보세요.

세 종족이 힘을 합치자,
사라졌던 마법이
되살아났어요.

친구가 보낸 편지를 읽으니,
추억이 **되살아나며** 마음이
따뜻해졌어요.

되살아나다

죽거나 없어졌던 것이
다시 살아나다.

되살아난 건, 오랫동안 잊고
지냈던 친구에 대한
고마운 마음이에요.

기억을 떠올리니,
그 친구에 대한 소중한
마음이 **되살아났어요.**

 마음에 남는 말을 생각하며 문장을 따라 써 보세요.

날 믿어 줘서 고마워.

난 너를 끝까지 도와줄 거야.

너랑 나니까 해낸 거야.

우리가 좋은 친구가 될 거라고 느꼈어.

이 문장에는 우정, 다양성, 그리고 희망이 담겨 있어. 써니와 친구들은 서로 달라도 마음을 모을 때 큰 힘이 생긴다는 걸 보여 줘. 혼자가 아닐 때 우리는 훨씬 더 용감해지고 더 큰 꿈에 노선할 수 있시. 서로 다른 모습은 부족힘이 아니라 특별함이 되며, 함께할 이유가 되어 줘. 우정은 마법처럼 세상을 밝히고, 모두를 하나로 이어 주거든.
너도 써니와 친구들처럼 주변 친구를 믿고 함께하기를 바라!

 내 경험 쓰기 영화를 생각하며 질문에 답해 보세요.

• 주변에서 나에게 희망이나 용기를 준 순간이 있나요?

• 친구들과 함께 잘해낸 경험에 대해 써 보세요.

• 친구를 믿고 부탁한 경험에 대해 써 보세요.

내가 꼭 해낼 거야

 몬스터 대학교

　마이크는 어릴 때부터 무서운 괴물이 되는 게 꿈이었습니다. 그래서 최고의 괴물 학교인 몬스터 대학교에 입학했어요. 마이크는 누구보다 열심히 공부했어요. "나만의 새로운 겁주기 방법을 만들어 내고 싶어!"

　하지만 인기 많고 타고난 실력을 가진 설리와 자주 경쟁하게 되었습니다. 서로 이기려고만 하던 마이크와 설리는, 큰 실수를 저지르는 바람에 둘 다 학교에서 쫓겨날 위기에 처했어요. "아, 어떻게 하면 다시 기회를 얻을 수 있을까?" 마이크와 설리는 개성 넘치는 괴물들과 팀을 만들어 '겁주기 대회'에 도전하기로 했어요. 처음엔 호흡이 맞지 않아 고생했지요. 하지만 새로운 전략을 세우고 서로의 강점을 살리며 둘은 점점 강해졌어요.

　대회에서 마이크는 지혜를 발휘하고, 설리는 용기를 내어 어려운 미션을 끝까지 **해냈어요.** "야호!" 그들은 상상을 초월한 방법으로 관객을 놀라게 했지요. 우승은 못했지만, 두 괴물은 진짜 친구가 되었고, 앞으로도 도전을 이어가기로 했답니다.

긍정 낱말 읽기　낱말의 뜻과 활용 예문을 읽어 보세요.

마이크는 끝까지 도전하며 자신의 역할을 **해냈어요.**

어떻게든 **해내다** 보니, 불가능해 보였던 일도 할 수 있게 되었어요.

해내다

어려운 일이나 맡은 일을 끝까지 노력하여 이루다.

어려운 과제를 **해내며,** 나는 스스로에 대한 자신감을 키웠어요.

나는 끝까지 노력하며 한층 더 성장한 모습으로 맡은 일을 **해냈어요.**

 마음에 남는 말을 생각하며 문장을 따라 써 보세요.

내가 꼭 해낼 거야.

이 순간을 오래 기다렸어.

드디어 새로운 시작이야.

더 나은 내가 되고 싶어.

이 문장에는 꿈, 도전, 그리고 성장의 가치가 담겨 있어. 마이크는 오래 기다린 순간을 붙잡으며 반드시 해내겠다는 의지를 보여 주었지. 작은 실패가 있더라도 끝까지 포기하지 않는 모습은 우리에게 큰 힘을 줘. 꿈을 향해 한 걸음씩 나아가는 과정 속에서 우리는 더 단단해지고 성장하지.
너도 마이크와 설리처럼 간절한 꿈을 믿고, 끝까지 힘차게 도전하는 사람이 되기를 바라!

내 경험 쓰기 영화를 생각하며 질문에 답해 보세요.

- 내가 가진 특별한 장점은 무엇인가요?

- 처음엔 경쟁자였지만 친구가 된 경험에 대해 써 보세요.

- 열심히 연습해서 나아진 경험에 대해 써 보세요.

너만의 길을 가면 돼

드래곤 길들이기

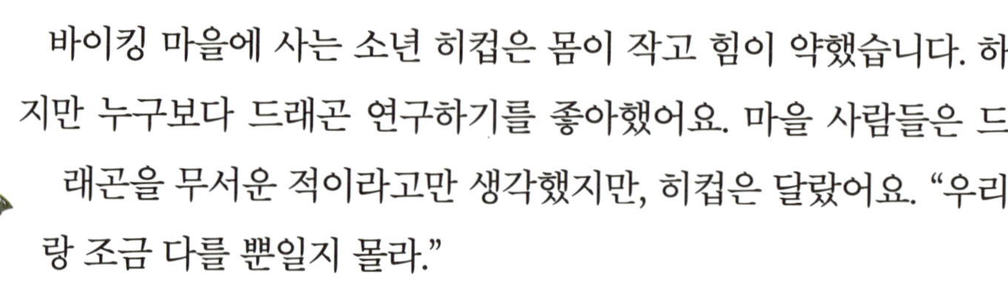

바이킹 마을에 사는 소년 히컵은 몸이 작고 힘이 약했습니다. 하지만 누구보다 드래곤 연구하기를 좋아했어요. 마을 사람들은 드래곤을 무서운 적이라고만 생각했지만, 히컵은 달랐어요. "우리랑 조금 다를 뿐일지 몰라."

어느 날은 히컵 때문에 마을에서 가장 빠른 드래곤, 투슬리스가 다치게 되었어요. 히컵은 투슬리스를 잡지 않고, 몰래 돌봐주기 시작했지요. 둘은 처음엔 서로 경계했지만 오래 가지 않았습니다. 히컵은 기발한 상상력으로 새 안장과 날개 장치를 만들었어요. 그리고 투슬리스에게 하늘을 나는 법을 배웠지요. 둘의 비밀은 곧 마을에 알려졌습니다. 사람들은 히컵이 잘못했다고 생각했지만 히컵은 포기하지 않았어요.

둘은 드래곤과 사람이 친구가 될 수 있다는 것을 **증명하기** 위해 대회에 나갔습니다. 위험천만한 순간, 히컵과 투슬리스는 멋진 팀워크를 발휘해 마을을 위기에서 구했어요. 결국 사람들은 드래곤을 두려워하지 않게 되었고, 히컵을 누구보다 용감한 모험가로 인정하게 되었지요. 둘은 새로운 하늘을 향해 또 다른 도전을 준비했답니다.

긍정 낱말 읽기

낱말의 뜻과 활용 예문을 읽어 보세요.

히컵은 드래곤과 사람이 친구가 될 수 있다는 것을 행동으로 **증명했어요**.

내 생각이 옳다는 것을 **증명하며**, 그림과 표를 함께 보여 주었어요.

증명하다

어떤 사실이나 생각이 옳음을 나타내 보이다.

우리 모둠은 세운 계획이 그대로 잘 작동했다는 것을 **증명했습니다**.

식물이 햇빛을 좋아할 것이라는 생각을 실험으로 **증명했어요**.

마음에 남는 말을 생각하며 문장을 따라 써 보세요.

너만의 길을 가면 돼.

나만의 도전을 해 볼 거야.

두려워도 용기를 낼 수 있어.

도전에는 용기가 필요해.

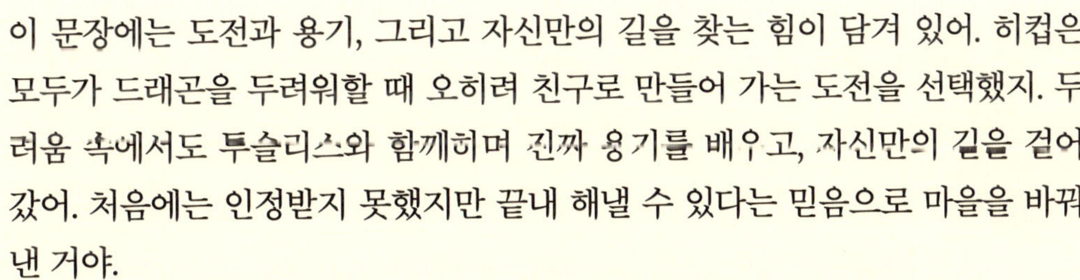

이 문장에는 도전과 용기, 그리고 자신만의 길을 찾는 힘이 담겨 있어. 히컵은 모두가 드래곤을 두려워할 때 오히려 친구로 만들어 가는 도전을 선택했지. 두려움 속에서도 투슬리스와 함께하며 진짜 용기를 배우고, 자신만의 길을 걸어 갔어. 처음에는 인정받지 못했지만 끝내 해낼 수 있다는 믿음으로 마을을 바꿔 낸 거야.
너도 히컵처럼 도전하며, 자신만의 길을 멋지게 걸어가는 사람이 되기를 바라!

영화를 생각하며 질문에 답해 보세요.

• 처음에는 무서웠지만 멋진 경험으로 남은 순간은 언제였나요?

• 누군가를 믿고 용기 냈던 순간에 대해 써 보세요.

• 남들과는 다른 나만의 방식으로 무언가를 해 본 경험에 대해 써 보세요.

힘을 모아야 해

마이펫의 이중생활

　　하루하루 행복하게 살던 강아지 맥스네 집에 새로운 강아지 듀크가 왔습니다. "으르렁… 쟨 뭐지?" 맥스와 듀크는 성격도 다르고 서로 마음이 맞지 않아 티격태격했어요. 그래도 어쩔 수 없이 산책을 나섰다가, 그만 낯선 곳에서 길을 잃고 말았어요. "앗, 어디로 가야 하지?"

　　두 강아지가 집으로 돌아가기 위해서는 가 본 적 없는 거리와 위험한 하수도를 지나야 했습니다. 둘은 그곳에서 버림받은 동물들이 만든 비밀 단체 '플러시 펫'과 마주쳤어요. 맥스와 듀크는 힘을 **모아** 그들의 추격에서 간신히 벗어났어요. "빨리 달아나자!"

　　돌아가는 길에도 상상하지 못했던 사건이 이어졌습니다. 그때마다 둘은 용케도 새로운 아이디어로 문제를 해결해 나갔지요. 도시를 가로지르는 모험 끝에 마침내 집으로 돌아왔어요.

　　함께한 도전 덕분에 맥스와 듀크는 진짜 친구가 되었습니다. 둘의 서로 다른 성격이 오히려 큰 힘이 된다는 것도 알게 되었어요. 이제 그들은 어떤 모험도 두렵지 않답니다.

긍정 낱말 읽기 (낱말의 뜻과 활용 예문을 읽어 보세요.

맥스와 친구들은 위기를 벗어나기 위해 힘을 **모았어요**.

우리는 의견을 **모으며** 더 좋은 해결 방법을 찾았어요.

모으다

생각·힘·물건 등을 한데 합치다.

모으다 보니, 작은 동전들도 어느새 꽤 많은 양이 되었어요.

친구들과 힘을 **모으니**, 어려운 일도 해낼 수 있었어요.

힘을 모아야 해.

네 안에 멋진 용기가 있어.

용기 내서 말해 보자.

나도 누군가를 도울 수 있어.

이 문장에는 용기와 협동, 그리고 우정의 힘이 담겨 있어. 맥스와 친구들은 위험에 빠진 동물을 구하기 위해 서로 힘을 모았지. 처음엔 두렵고 할 수 없을 것 같았지만, 함께하는 순간 마음속 용기가 커졌어. 용기 내어 말하고 행동할 때, 우리는 누군가를 지켜 줄 수 있지.
너도 맥스와 듀크처럼 두려움을 넘어 용기를 내고, 함께할 때 더 큰 힘을 발휘하는 멋진 친구가 되기를 바라!

내 경험 쓰기 〉 영화를 생각하며 질문에 답해 보세요.

• 항상 곁에 두고 싶은 소중한 존재가 있나요?

• 집에 돌아와서 마음이 편해진 경험에 대해 써 보세요.

• 친구와 친해지는 나만의 방법에 대해 써 보세요.

진짜 힘은 마음에서 나와

엔칸토

　　마드리갈 가족은 특별한 마법의 집에서 살고 있었습니다. 가족 모두는 신비한 능력을 가지고 있었지만, 막내딸 미라벨은 아무 힘이 없었어요. 그런데 어느 날 어떤 이유에서인지 마법의 집이 조금씩 무너지기 시작했어요. 가족의 능력도 약해지고 있었죠. 미라벨은 그 이유를 알아내기 위해 집 안 구석구석을 **탐험했어요**. 그러다 사라진 삼촌 브루노의 예언을 발견했어요. '집이 무너지고, 가족은 위기에 빠질 것'이라는 거예요.

　　미라벨은 무서웠지만, 가족을 지키기 위해 용기를 냈습니다. 때로는 실수도 하고, 가족의 반대에 부딪히기도 했지만 미라벨은 포기하지 않았어요. 마침내 미라벨은 마법의 집이 무너지는 이유를 알게 되었지요. '아, 서로를 믿지 못한 마음 때문이었구나.'

　　미라벨은 가족의 흩어진 마음을 잇기 위해 한 사람 한 사람에게 진심을 전했습니다. 가족의 마음은 점점 하나로 모아졌어요. 서로를 이해하려는 작은 변화가 커다란 기적을 만들어 냈지요. 마침내 모두 힘을 합치자 마법의 집은 다시 힘을 되찾았답니다.

긍정 낱말 읽기　낱말의 뜻과 활용 예문을 읽어 보세요.

미라벨은 가족의 비밀을 알기 위해 집 구석구석을 **탐험했어요**.

그 아이가 **탐험한** 곳은 오래된 벽 뒤와 무너져 가는 복도였어요.

탐험하다

모르는 곳이나 새로운 세계를 찾아가 살펴보다.

아이는 놀이터 구석구석을 **탐험하며** 숨겨진 놀이 공간을 발견했어요.

친구들과 공원 지도를 그리기 위해, 나무와 놀이터를 하나씩 **탐험했어요**.

진짜 힘은 마음에서 나와.

너는 정말 특별해.

난 평범하지만 소중해.

넌 지금 그대로도 충분해.

이 문장에는 자기 존중, 가족 사랑, 그리고 마음의 힘이 담겨 있어. 미라벨은 특별한 능력이 없는 것 같았지만 가족을 지키려는 마음으로 끝까지 노력했지. 미라벨의 진짜 힘은 눈에 보이는 마법이 아니라 포기하지 않는 마음에서 나왔어. 있는 그대로의 모습도 충분히 소중하고 빛날 수 있음을 보여 줬지.
너도 미라벨처럼 스스로를 믿고, 마음의 힘으로 소중한 사람을 지키는 사람이 되기를 바라!

내 경험쓰기   영화를 생각하며 질문에 답해 보세요.

• 가족이 나와 다르지만 소중하게 느껴진 순간이 있나요?

• 문제를 스스로 해결해 본 경험에 대해 써 보세요.

• 내가 잘할 수 있는 방법으로 가족을 도와준 경험에 대해 써 보세요.

모험은 재미있어

미니언즈

　　노란색 미니언들은 오랫동안 가장 강한 주인을 찾아 모험을 했습니다. 하지만 자꾸 주인들이 사라져 버려, 결국 아무도 섬기지 못하게 되었어요.

　　미니언 케빈은 새로운 주인을 찾기 위해 용기 내어 여행을 떠나기로 했어요. 친구 스튜어트와 밥도 함께 길을 나섰지요. 세 미니언은 수많은 나라를 거쳐 미국에 도착했습니다. 그곳에서 신나는 대회가 열린다는 소식을 들었어요. "악당 대회가 열린대!"

　　그들은 대회에서 세계 최고의 여자 악당 스칼렛을 만났습니다. 미니언들은 스칼렛의 부하가 되기로 했어요. 하지만 스칼렛은 이들에게 너무 위험하고 어려운 임무를 맡겼지요. "왕관을 훔쳐 오라!" 미니언들은 결국 이 임무에 실패하고, 오히려 스칼렛에게 쫓기게 되었어요.

　　"도망쳐!" "어떡하지?" "스칼렛을 물리쳐야 해!" 세 친구는 기발한 아이디어와 용기로 스칼렛을 물리쳤어요. 결국 미니언들은 강한 주인을 찾는 것보다 중요한 것을 깨달았습니다. 바로, 함께 도전하며 모험을 **즐기는** 것이지요.

긍정 낱말 읽기　　낱말의 뜻과 활용 예문을 읽어 보세요.

미니언들은 무엇이든 신나게 하루하루를 **즐겼어요**.

즐기다 보니,
힘들다고 느꼈던 시간도 금세 지나갔어요.

즐기다

무엇을 좋아하여 자주하다.

친구들과 함께 놀이를 **즐기며** 계속 웃었어요.

우리는 결과보다는 함께하는 과정을 마음껏 **즐겼어요**.

  (마음에 남는 말을 생각하며 문장을 따라 써 보세요.

모험은 재미있어.

새로운 건 항상 기대돼!

친구들아 모이자!

나는 멋진 친구가 될 거야.

이 문장에는 모험심, 우정, 그리고 즐거움이 담겨 있어. 미니언들은 늘 새로운 것을 기대하며 세상 속으로 뛰어들었지. 케빈, 스튜어트, 밥은 큰 위험 속에서도 모험을 즐기며 서로를 지켜 줬어. 친구들과 함께 모이면 두려움은 줄고 웃음은 더 커졌지. 멋진 친구가 되는 조건은 특별한 힘이 아니라 곁에 있어 주는 마음이란 걸 알 수 있어.
너도 미니언들처럼 친구와 함께 즐겁게 모험하기를 바라!

내 경험 쓰기 (영화를 생각하며 질문에 답해 보세요.

• 실수했을 때 다시 힘을 내는 나만의 방법이 있나요?

• 친구와 함께라서 더 즐거웠던 경험에 대해 써 보세요.

• 작은 힘으로 다른 사람에게 큰 도움을 준 순간에 대해 써 보세요.

넌 정말 멋져

트롤

　　노래하고 춤추는 것을 좋아하는 트롤들이 숲 속 마을에서 평화롭게 살고 있었습니다. 하지만 트롤을 잡아먹는 버겐들이 나타나 온 마을이 위기에 빠졌지요.

　　트롤 공주 파피는 잡혀간 친구들을 구하기 위해 모험을 떠났습니다. 밝고 긍정적인 파피는 모든 일에 조심스러운 브랜치를 억지로 데리고 함께 나섰어요. 여행 중 두 친구는 뜻밖의 난관과 함정을 만났어요.

　　파피는 노래와 웃음으로 용기를 냈습니다. "걱정 마! 우리가 해낼 수 있어!" 브랜치는 지혜로움과 계획으로 문제를 해결했어요. "이런 방법으로 해 보자."

　　그런데 한 버겐 소녀가 트롤과 친구가 되고 싶어한다는 거예요. "음, 좋은 기회야." 그 버겐 소녀 덕분에 파피와 브랜치는 잡혀간 트롤 친구들을 **구할** 수 있었어요. 두 친구는 행복은 마음속에서 온다는 걸 버겐들에게 알려 주었어요. 마침내 트롤과 버겐은 서로를 이해하게 되었어요. 파피와 브랜치는 서로 다른 성격 덕분에 오히려 좋은 팀을 이뤘다는 걸 깨달았답니다.

긍정 낱말 읽기 (낱말의 뜻과 활용 예문을 읽어 보세요.

파피와 브랜치는 친구들이 잡혀간 성에서 끝까지 용기를 내어 모두를 **구했어요**.

넘어지려는 친구를 **구하려고**, 재빨리 손을 뻗었어요.

구하다

위험에 빠진 사람이나 동물을 도와서 살리다.

그들이 **구한** 건 친구들뿐만 아니라, 잃어버렸던 희망과 노래였어요.

바람에 날려가던 작품을 끝까지 달려가 붙잡아, 우리 팀을 **구했어요**.

넌 정말 멋져.

진짜 행복은 내 마음속에 있어.

네가 있어야 힘이 나.

마음이 시키는 걸 해 봐.

이 문장에는 행복, 우정, 그리고 자기 믿음이 담겨 있어. 파피와 브랜치는 진짜 행복은 화려한 무대가 아니라 서로의 마음속에 있다는 걸 알게 되었지. 친구들과 함께해서 두려움도 이겨 내고 더 큰 힘을 낼 수 있었어. 서로를 멋지다고 인정할 때 우정은 더욱 깊어졌지.
너도 트롤들처럼 친구와 함께 웃음을 나누며, 마음속 행복을 지켜 가는 사람이 되기를 바라!

👤 **내 경험 쓰기**　영화를 생각하며 질문에 답해 보세요.

- 노래나 춤을 통해 행복을 느꼈던 순간이 있나요?

- 나와 달라서 특별하게 느껴지는 친구는 누구인가요?

- 친구를 돕기 위해 용기 낸 순간에 대해 써 보세요.

누구든 꿈을 이룰 수 있어

라따뚜이

파리에 사는 생쥐 레미는 다른 쥐와 다르게 요리를 사랑했어요. 하지만 사람들은 쥐를 싫어하기 때문에, 요리사를 향한 레미의 꿈은 불가능해 보였어요.

어느 날, 레미는 우연히 유명한 요리사 링귀니와 만나게 되었어요. 그는 요리를 못했지만, 레미가 몰래 도와주면 훌륭한 요리를 만들 수 있었어요. "내가 도와줄게!"

레미는 모자를 쓴 링귀니의 머리카락을 당겨 그의 행동을 조종하며 요리를 했어요. 이 특별한 방법은 뛰어난 상상력 덕분에 가능했습니다.

하지만 주방 사람들에게 비밀을 들킬까 봐, 매일 긴장 속에서 살았어요. 특히 엄격한 음식 평론가 이고가 온다는 소식에 모두가 불안해했어요. 레미는 자신만의 요리 '라따뚜이'를 만들어 승부를 걸었습니다. '제발, 제 요리를 믿어 주세요!' 레미는 속으로 기도했지요. 따뜻하고 정성스러운 요리는 이고의 마음을 움직였어요.

결국 레미는 쥐라는 한계를 넘어서, 오랫동안 바라던 요리사의 꿈을 **이루었어요**. 그는 상상력과 도전이 꿈을 현실로 만든다는 걸 증명했답니다.

긍정 낱말 읽기 낱말의 뜻과 활용 예문을 읽어 보세요.

레미는 자신의 한계를 넘어 요리사의 꿈을 **이루었어요**.

작은 목표라도 **이루다** 보니, 노력하면 된다는 걸 알게 되었어요.

이루다

노력하여 바라던 목표나 꿈을 마침내 해내다.

열심히 노력하며 목표를 **이루는** 동안 나는 조금씩 자라고 있었어요.

수많은 실패를 딛고 일어선 끝에, 나는 마침내 꿈을 **이루었어요**.

누구든 꿈을 이룰 수 있어.

네 꿈은 네가 정하는 거야.

좋아하는 건 꼭 잘하게 돼.

변해도 괜찮아.

이 문장에는 꿈, 용기, 그리고 자기 믿음이 담겨 있어. 레미는 남들이 불가능하다고 말해도, 자신이 좋아하는 마음을 포기하지 않았지. 꿈은 누가 정해 주는 것이 아니야. 내가 무엇을 좋아하고, 무엇을 하고 싶은지는 스스로 선택하는 거야. 좋아하는 일에는 마음이 자연스럽게 따라가고, 그 마음은 노력으로 이어져 실력이 느는 거지.
너도 레미처럼 자신을 믿고, 꿈을 향해 한 걸음씩 나아가는 사람이 되기를 바라!

내 경험 쓰기 영화를 생각하며 질문에 답해 보세요.

• 내가 좋아하는 것 중 사람들이 의외라고 생각할 만한 것은 무엇인가요?

• 사람들이 말려도 하고 싶은 일은 무엇인가요?

• 연습해서 점점 잘하게 된 경험에 대해 써 보세요.

나는 가능성을 믿어

슈렉

　　숲 속에서 오우거 슈렉이 조용히 살고 있었습니다. 그런데 어느 날 갑자기 동화 속 친구들이 몰려들어 집이 엉망이 되었어요. 그들을 쫓아낸 건 파쿼드 경이었죠. 슈렉은 집을 되찾으려고 파쿼드 경을 찾아갔습니다. 파쿼드 경은 '공주 피오나를 구해 오면 집을 돌려 주겠다'고 했습니다. 슈렉은 공주를 구출하러 수다쟁이 당나귀 동키와 여행을 떠났어요.

　　높은 성에 도착한 슈렉과 동키는, 그 성을 지키는 무서운 용을 피하려다 오히려 친구가 되었지요. 슈렉은 피오나를 구출하여 기상천외의 방법으로 성을 빠져나왔어요.

　　여행을 하며 슈렉과 피오나는 서로 마음을 열었어요. 하지만 피오나는 밤이 되면 오우거로 변하는 비밀이 있었지요. '아, 난 이렇게 생긴 오우거라고. 흑흑!'

　　오해 때문에 슈렉은 피오나에게서 멀어질 뻔하기도 했습니다. 하지만 슈렉은 자신의 마음을 **믿고** 용기 내어 결혼식장으로 달려갔지요. "피오나!"

　　결국 슈렉은 피오나에게 진심을 전했고, 두 사람은 서로의 모습 그대로 사랑하기로 했어요. 슈렉은 외모나 겉모습이 아닌 마음이 진짜 용기를 만든다는 걸 알게 되었답니다.

긍정 낱말 읽기　낱말의 뜻과 활용 예문을 읽어 보세요.

슈렉은 피오나의 진심을 **믿고** 끝까지 달려갔어요.

나를 **믿다** 보면, 혼자서는 어렵던 일도 할 수 있어요.

믿다

다른 사람이나 어떤 생각이 맞다고 생각하고 마음으로 받아들이다.

나는 친구의 말을 **믿으며** 걱정을 내려놓았어요.

둘은 서로 있는 그대로의 진심을 **믿었어요**.

나는 가능성을 믿어.

나는 그냥 나답게 사는 거야.

먼저 마음을 열어 봐.

모두가 날 좋아하지 않아도 괜찮아.

이 문장에는 자기 수용, 우정, 그리고 사랑의 용기가 담겨 있어. 슈렉은 외모 때문에 외톨이가 되었지만, 친구와 피오나를 만나면서 진짜 마음을 보여 줄 수 있었지. 겉모습보다 마음이 더 중요하다는 걸 깨달으며 자신을 받아들이게 된 거야. 피오나와 함께할 때 그는 세상 어떤 어려움도 두렵지 않았어.
너도 슈렉처럼 있는 그대로의 자신을 사랑하고, 친구와 함께라면 어떤 어려움도 이겨 내는 사람이 되기를 바라!

내 경험 쓰기   영화를 생각하며 질문에 답해 보세요.

• 누군가를 지켜 주거나 도와준 순간이 있나요?

• 드러난 겉모습과 그 사람의 진짜 모습이 달라서 놀랐던 경험이 있나요?

• 계획에 없던 도전을 해 본 경험에 대해 써 보세요.

용기 내서 도전해 봐

하늘에서 음식이 내린다면

꿀꺽퐁당 섬에 살고 있는 플린트는 어릴 때부터 발명가가 되고 싶었습니다. 하지만 플린트가 만든 발명품은 매번 실패해 마을 사람들에게 웃음거리가 되었어요.

어느 날, 플린트는 물을 음식으로 바꾸는 기계를 만들었어요. 그런데 실수로 기계가 하늘로 날아가 버렸어요. 그러자 구름에서 햄버거와 파스타 같은 음식이 쏟아지기 시작했지요. "와! 하늘에서 음식이 내려!" 사람들은 모두가 신기해하며 기뻐했어요. 하지만 점점 음식이 너무 많이 내려 마을이 위험해졌어요.

플린트는 샘과 함께 기계를 멈추기로 했습니다. "우리 꼭 해내야 해!" 플린트는 더 이상 실패를 두려워하지 않기로 결심했어요. 새로운 방법을 상상하며 문제를 해결하려고 했지요. 플린트는 위험한 하늘 속으로 들어가 마침내 기계를 멈추는 데 성공하고 덕분에 마을을 구했어요.

사람들은 이제 플린트를 웃음거리로 보지 않았습니다. 그를 용기 있게 **도전하는** 발명가로 인정했어요. 플린트는 앞으로도 세상을 더 재미있게 만들 발명품을 만들기로 했답니다.

긍정 낱말 읽기　　낱말의 뜻과 활용 예문을 읽어 보세요.

플린트는 새로운 발명에 끝까지 **도전했어요**.

도전하다 보니, 두려움이 점점 없어졌어요.

도전하다

어렵거나 새로운 일에 용기 내어 해 보려고 나서다.

이 놀이를 처음 **도전해** 보니, 생각보다 더 재미있어요.

그녀는 스스로의 가능성을 믿고 한 걸음 더 **도전했어요**.

용기 내서 도전해 봐.

너라면 해낼 수 있어.

이건 정말 멋진 일이야.

넌 상상보다 훨씬 멋져.

이 문장에는 도전, 자신감, 그리고 상상력의 힘이 담겨 있어. 플린트는 엉뚱한 발명가였지만 용기를 내어 도전하면서 놀라운 기적을 만들어 냈지. 때로는 말도 안 되는 일이 현실이 되어 우리를 놀라게 해. 그 모든 과정은 상상과 도전을 멈추지 않았기 때문에 가능했어.
너도 플린트처럼 자신을 믿고, 상상력을 펼쳐 멋진 도전을 이어가는 사람이 되기를 바라!

내 경험 쓰기 영화를 생각하며 질문에 답해 보세요.

• 새로운 발명품을 만들어 본 경험이 있나요?

• 상상한 것이 현실이 되면 좋겠다고 생각한 순간은 언제였나요?

• 내 생각을 끝까지 주장한 경험에 대해 써 보세요.

30

우리, 잘하고 있어

슈퍼 마리오 브라더스

　마리오와 루이지 형제는 뉴욕에서 배관공 일을 하고 있었습니다. 그런데 어느 날, 두 사람은 갑자기 이상한 파이프에 빨려 들어가 버렸어요. 눈을 뜨자 버섯 왕국이라는 신기한 세계가 나타났어요. "어, 여기가 어디지?"

　형제는 서로 다른 곳으로 흩어지고 말았습니다. 동생 루이지는 거북 왕 쿠파에게 잡혀갔어요. 마리오는 동생을 구하기 위해 버섯 왕국의 피치 공주와 모험을 시작했지요.

　마리오는 공주의 도움으로 점프, 파워업, 카트 운전 같은 새로운 기술을 배우며 점점 **강해졌어요**. 처음에는 서툴렀지만, 계속 도전하며 장애물을 넘고 적들을 물리쳤어요.

　결전의 날, 마리오와 피치 공주는 쿠파의 성으로 쳐들어갔습니다. 위험한 순간, 루이지가 용기 내어 형 마리오를 도왔고, 형제는 힘을 합쳐 쿠파를 쓰러뜨렸어요.

　버섯 왕국은 다시 평화를 되찾았습니다. 마리오와 루이지는 영웅이 되었어요. 형제는 도전하면 무엇이든 해낼 수 있다는 것을 깨달았답니다.

긍정 낱말 읽기 ｜ 낱말의 뜻과 활용 예문을 읽어 보세요.

마리오는 여러 모험을 겪으며 점점 더 **강해졌어요**.

스스로 **강해지다** 보니, 무서움이 점점 줄어들었어요.

강해지다

몸이나 마음, 실력이 전보다 더 튼튼해지고 나아지다.

매일 태권도를 연습하니, 몸이 조금씩 **강해졌어요**.

실패를 겪고 일어서는 과정에서, 나 스스로에 대한 믿음이 **강해졌어요**.

  마음에 남는 말을 생각하며 문장을 따라 써 보세요.

우리, 잘하고 있어.

같이 있으면 못할 게 없어.

끝까지 도전할 거야.

도전 없이는 승리도 없어.

이 문장에는 도전, 형제애, 그리고 끈기가 담겨 있어. 마리오와 루이지는 처음엔 서툴고 두려웠지만 서로를 믿으며 끝까지 함께했지. 넘어져도 다시 일어나는 모습은 진짜 용기가 무엇인지 알려 줘. 형제가 곁에 있기에 두려운 순간도 건더 낼 수 있었어.
너도 마리오와 루이지처럼 포기하지 말고, 함께할 때 더 강해지는 용감한 사람이 되기를 바라!

  영화를 생각하며 질문에 답해 보세요.

• 새로운 방법을 배우고 나서 잘하게 된 경험이 있나요?

• 누군가를 믿고 따라가 본 경험에 대해 써 보세요.

• 어려운 일을 끝까지 해낸 순간과 그때의 기분을 써 보세요.

31

내가 해낼 차례야

 주먹왕 랄프

게임 속 악당 랄프는 늘 건물을 부수는 역할만 해서 외롭고 속상했습니다. 친구들도 그를 멀리해서 랄프는 진짜 영웅이 되고 싶었어요. '나도 영웅이 되고 싶다고!'

어느 날, 랄프는 메달을 얻으면 모두가 자신을 인정해 줄 거라 생각했어요. 그래서 자신의 게임을 떠나 다른 게임 세계로 들어갔지요.

그곳에서 작은 레이싱 게임 속 소녀 바넬로피를 만났어요. 그녀는 '글리치'라는 오류 때문에 경주에 나가지 못하고 있었어요. 랄프는 괴롭힘을 당하는 바넬로피를 돕기로 결심했습니다.

어느새 영웅이 되고 싶었던 자신의 목표는 잊었지요. 랄프는 경주차를 만들고, 그녀가 연습할 수 있도록 지켜줬어요.

하지만 경주를 막으려는 악당들의 음모가 드러났습니다. 랄프와 바넬로피는 힘을 합쳐 악당들에게 **맞섰어요.** 결국 바넬로피는 경주에 나가 승리했고, 자신의 게임 속 자리도 되찾았어요. "야호, 이겼다!"

랄프도 원래 자신의 세계로 돌아가 모두의 진짜 친구가 되었답니다.

긍정 낱말 읽기　낱말의 뜻과 활용 예문을 읽어 보세요.

랄프는 자신을 무시하는 세상의 시선에 용기 있게 **맞섰어요.**

내가 **맞선** 건 악당이 아니라, 두려움이었어요.

맞서다

어떤 일이나 사람을 두려워하지 않고 바로 대하다.

낯선 경험에 **맞서며** 새로운 것에 도전해 보았어요.

실수해서 부끄러웠지만, 피하지 않고 새로운 도전에 당당히 **맞섰어요.**

내가 해낼 차례야.

나는 나답게 잘하고 있어.

나는 지금 이 모습이 좋아.

내 역할도 소중한 거야.

이 문장에는 자기 존중, 도전, 그리고 진짜 영웅의 마음이 담겨 있어. 랄프는 남들과 비교하며 힘들었지만, 결국 자신답게 잘하고 있다는 걸 깨달았지. 이 이야기는 영웅은 겉모습이 아니라 마음으로 되는 것임을 보여 줘. 모든 역할은 소중하고, 각자의 자리에서 충분히 빛날 수 있어.
너도 랄프처럼 스스로를 믿고, 마음으로 진짜 영웅이 되는 멋진 사람이 되기를 바라!

내 경험 쓰기 영화를 생각하며 질문에 답해 보세요.

• 사람들이 기대하지 않았지만 잘한 경험이 있나요?

• 친구를 위해 양보한 경험에 대해 써 보세요.

• 어딘가가 내가 있어야 할 곳이라고 느낀 경험에 대해 써 보세요.

노력하면 보람도 따라와

보스 베이비

   팀은 부모님의 사랑을 독차지하던 행복한 아이였습니다. 그런데 어느 날, 이상한 아기 동생이 생겼어요. 아기 동생은 어른처럼 양복을 입고 심지어 말까지 하는 거예요! "앗, 너 누구야?"

   이 아기는 '베이비 주식회사'에서 온 특별한 아기 보스였습니다. 아기 보스는 중요한 임무를 맡고 왔어요. "세상 사람들이 아기보다 강아지를 더 좋아하는 걸 막아야 한다!"

   처음에 팀은 이 이상한 아기와 사이가 좋지 않았습니다. 하지만 둘은 점점 힘을 합치게 되었고, 함께 나쁜 회사의 음모를 막기로 했어요. 아기 보스는 작지만 아주 똑똑했고, 팀은 그를 도우며 여러 위기를 **넘겼어요**. 그러는 동안 둘은 서로를 믿게 되었지요. '우리 꽤 좋은 팀이야.' 이렇게 둘은 진짜 형제가 되어 갔어요.

   임무를 마친 아기 보스는 원래 세상으로 돌아가야 했습니다. 하지만 팀과의 우애를 포기할 수 없었어요. 결국 보스는 평범한 아기가 되어 팀의 동생으로 남았지요. 두 형제는 서로 도우며 함께 자라는 방법을 배워 갔답니다.

긍정 낱말 읽기 낱말의 뜻과 활용 예문을 읽어 보세요.

보스 베이비와 팀은 힘을 합쳐 위험한 순간을 무사히 **넘겼어요**.

우리가 무사히 **넘기게** 된 건 서로를 향한 오해였어요.

넘기다

어려운 일이나 상황을 잘 견디어 지나가다.

책장을 한 장씩 **넘기며** 흥미로운 이야기에 빠져들었어요.

잠시 숨을 고른 뒤 발표 시간을 무사히 **넘겼어요**.

노력하면 보람도 따라와.

내가 해야 할 일이 있어.

나에겐 숨겨진 능력이 있어.

난 작아도 멋진 일을 할 수 있어.

이 문장에는 자신감, 책임, 그리고 성장의 가치가 담겨 있어. 아기는 비록 작아 보이지만 자신의 능력을 찾아 내며 멋진 활약을 보여 줬지. 노력한 만큼 보람이 따라온다는 사실은 우리에게 큰 용기를 줘. 맡은 일을 책임지고 끝까지 해내려는 마음은 그 자체로 빛나지.
너도 보스 베이비처럼 책임감을 가지고 자신감을 잃지 않는 멋진 사람이 되기를 바라!

내 경험 쓰기 〉 영화를 생각하며 질문에 답해 보세요.

• 큰 역할을 맡아서 해 본 경험이 있나요?

• 우리 가족이 특별하다고 느낀 순간은 언제였나요?

• 형제나 친구와 다투었다가 화해한 경험에 대해 써 보세요.

너의 길을 응원해

코코

미겔은 음악을 너무나 좋아하는 소년이었습니다. 그런데 그의 가족은 음악을 금지했어요. 옛날 증조할아버지가 음악을 하겠다며 가족을 떠났기 때문이지요.

하지만 미겔은 꿈을 포기할 수 없었습니다. 죽은 자들의 날, 미겔은 전설적인 가수 에르네스토의 기타를 몰래 만졌어요. 그러자 갑자기 미겔은 저승 세계로 가 버렸습니다. 그곳에서 미겔은 죽은 조상들을 만났어요. 집으로 돌아가려면 조상의 축복이 꼭 필요했는데, '가족의 진심을 알아야 돌아갈 수 있다'는 거예요!

미겔은 떠돌이 음악가 헥토르를 만나 함께 모험을 시작했습니다. 그러면서 음악과 가족의 비밀을 하나씩 알아갔어요. 그러던 중 에르네스토가 헥토르를 속였다는 사실도 알게 되었어요.

처음엔 자신의 꿈만 중요하다고 생각했지만, 미겔은 점점 가족의 사랑과 아픔을 이해하며 한층 **성장했어요.** "음악으로 가족의 마음을 이어야겠어!" 마침내 진심을 전한 미겔은 조상의 축복을 받아 현실 세계로 돌아왔습니다. 그리고 가족 모두가 음악을 받아들이게 되었지요.

긍정 낱말 읽기 　낱말의 뜻과 활용 예문을 읽어 보세요.

미겔은 가족의 마음을 이해하며 한층 **성장했어요.**

성장하면서, 몰랐던 부모님의 마음이 조금씩 보였어요.

성장하다

몸이나 마음, 생각이 경험을 통해 전보다 더 나아지다.

도전하며 **성장하는** 과정에서 나는 나를 더 믿게 되었어요.

실수와 도전을 반복하며, 나는 한 걸음 더 **성장했어요.**

 마음에 남는 말을 생각하며 문장을 따라 써 보세요.

너의 길을 응원해.

하고 싶은 걸 스스로 찾아야 할 때도 있어.

나는 나만의 길이 있어.

네 마음이 시키는 걸 따라야 해.

이 문장에는 꿈, 가족, 그리고 사랑의 힘이 담겨 있어. 미겔은 음악을 향한 열정을 따라가며 자신의 길을 찾으려 했지만, 그 과정에서 가족의 기억과 사랑이 얼마나 소중한지 깨닫게 되었지. 사랑하는 사람을 기억하는 마음은 시간이 흘러도 사라지지 않아. 가족의 응원과 사랑이 있을 때 우리는 더 큰 힘과 용기를 낼 수 있어.
너도 미겔처럼 꿈을 따르면서 가족의 사랑을 간직하는 사람이 되기를 바라!

 영화를 생각하며 질문에 답해 보세요.

• 너무 좋아해서 자주 하고 싶은 것은 무엇인가요?

• 가족 덕분에 따뜻하게 느낀 순간이 있나요?

• 사람들이 반대했지만 하고 싶었던 경험에 대해 써 보세요.

나도 잘할 수 있어

카

　잘나가는 레이싱카 라이트닝 맥퀸은 자신이 최고라고 믿는 아주 자신감 넘치는 자동차였습니다. 어느 날 중요한 경기장으로 가던 중 길을 잘못 들었어요. 한적한 마을 '라디에이터 스프링스'에 들어가고 말았지요.

　망가진 도로는 맥퀸이 고쳐야 했습니다. 처음에는 불만이 많았지요. "내가 왜 이 일을 해야 하지?" 하지만 부루퉁했던 맥퀸의 마음은 마을 사람들과 지내며 조금씩 달라지기 시작했어요.

　그곳에서 만난 닥 허드슨은 맥퀸에게 인생의 중요한 가치를 알려 주었습니다. 맥퀸은 오직 1등만 중요하다고 생각했던 자신을 돌아보았지요. '천천히 달리는 법도 필요해. 다른 사람을 배려해야 해.' 그는 조금씩 변해 갔어요.

　경기 날, 드디어 결승선 앞에 도착한 순간 맥퀸은 자신에게 가장 소중한 것이 무엇인지 깨달았어요. 맥퀸은 모두를 놀라게 할 선택을 했습니다. 사람들은 그를 진정한 챔피언이라고 칭찬했답니다.

긍정 낱말 읽기

낱말의 뜻과 활용 예문을 읽어 보세요.

라이트닝 맥퀸은 경주에서 언제나 **잘나가는** 자동차였어요.

동생과의 놀이가 **잘나가는** 듯 했지만, 곧 다툼이 벌어지고 말았어요.

잘나가다

인기가 많거나 계속 성공하다.

잘나가는 공부 흐름을 이어가려고, 오늘도 계획한 공부 시간을 채웠어요.

오늘은 자주 틀렸던 피아노 곡에서 실수하지 않고 끝까지 **잘나갔어요**.

✏️ **긍정확언쓰기**　마음에 남는 말을 생각하며 문장을 따라 써 보세요.

나도 잘할 수 있어.

포기할지 말지는 내가 정해.

내 선택이 자랑스러워.

중요한 건 마음이야.

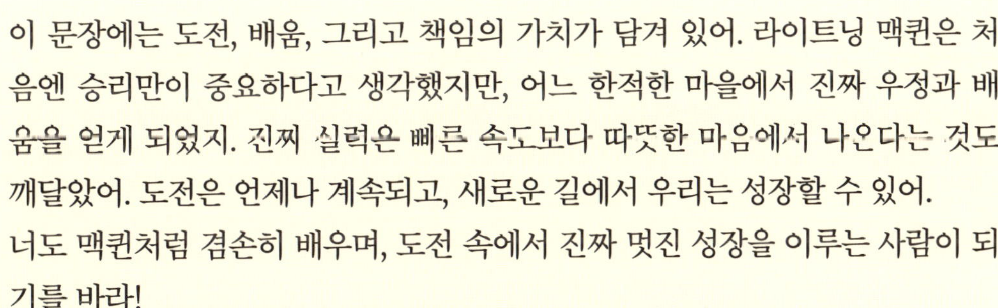

이 문장에는 도전, 배움, 그리고 책임의 가치가 담겨 있어. 라이트닝 맥퀸은 처음엔 승리만이 중요하다고 생각했지만, 어느 한적한 마을에서 진짜 우정과 배움을 얻게 되었지. 진짜 실력은 빠른 속도보다 따뜻한 마음에서 나온다는 것도 깨달았어. 도전은 언제나 계속되고, 새로운 길에서 우리는 성장할 수 있어.
너도 맥퀸처럼 겸손히 배우며, 도전 속에서 진짜 멋진 성장을 이루는 사람이 되기를 바라!

👤 **내 경험 쓰기**　영화를 생각하며 질문에 답해 보세요.

• 처음엔 내 마음대로 했지만 나중에 바뀐 경험이 있나요?

• 새로운 친구와 가까워진 경험에 대해 써 보세요.

• 실패하면서 배운 경험에 대해 써 보세요.

용감하게 해 보자

인크레더블

　슈퍼히어로 인크레더블 가족은 한때 모두의 영웅이었습니다. 그들은 정체를 숨기고 조용히 살아가고 있었어요. 하지만 아빠 밥은 다시 영웅이 되고 싶은 마음을 감추지 못했지요.

　어느 날, 밥은 비밀 의뢰를 받고 가족 몰래 히어로 활동을 시작했어요. 하지만 그 일은 악당 신드롬의 함정이었고, 결국 밥은 큰 위기에 빠졌지요. "앗, 큰일났다!"

　밥의 수상한 행동을 눈치챈 아내 헬렌은 남편을 구하러 비행기에 올랐습니다. 그런데 아이들이 몰래 따라와 가족 모두가 위험에 처하게 되었어요. 다행히 초능력을 써서 간신히 살아남은 가족은 지하 동굴에서 **재회했습니다**.

　"가족이 힘을 모으면 이길 수 있어!" 가족은 신드롬이 도시를 파괴하려고 만든 거대 로봇과 맞서 싸웠어요. "얍! 얍!" 인크레더블 가족은 각자의 능력을 발휘해 세상을 구했지요. 그리고 마침내 진정한 슈퍼히어로의 삶을 되찾았습니다.

　이제 인크레더블 가족은 함께할 때 가장 강하고 든든한 팀이 되었답니다. 그들은 특별한 능력보다 서로를 향한 사랑이 더 위대한 힘이라는 걸 깨달았어요.

긍정 낱말 읽기　낱말의 뜻과 활용 예문을 읽어 보세요.

슈퍼히어로 가족은 힘을 합쳐 싸운 뒤 따뜻하게 **재회했어요**.

개학날 선생님과 **재회하여**, 방학 동안 있었던 일을 들려드렸어요.

재회하다

오래 떨어져 있다가 다시 만나다.

재회한 할머니와 따뜻하게 포옹하며 반가움을 나누었어요.

전학 갔던 친구가 갑자기 학교에 찾아와, 예전처럼 손을 잡고 **재회했어요**.

 마음에 남는 말을 생각하며 문장을 따라 써 보세요.

용감하게 해 보자.

가끔은 혼자서 해내고 싶어.

난 나다운 게 제일 좋아.

네 진짜 모습이 제일 중요해.

이 문장에는 책임감, 용기, 그리고 희망이 담겨 있어. 슈퍼히어로 가족은 처음엔 제각각이었지만, 위기를 만나며 함께할 때 가장 큰 힘이 생긴다는 걸 보여 줬지. 서로를 지켜 주려는 마음은 어떤 어려움도 이겨 내게 했어. 또 포기하지 않고 끝까지 싸우는 모습은 진짜 용기가 무엇인지 알려 줘.
너도 인크레더블 가족처럼 소중한 사람과 힘을 합쳐, 희망을 지켜 내는 사람이 되기를 바라!

 내 경험 쓰기 · 영화를 생각하며 질문에 답해 보세요.

• 누군가를 지켜 주고 싶었던 순간이 있나요?

• 가족과 힘을 모은 경험에 대해 써 보세요.

• 친구들과 역할을 나누어 해낸 경험에 대해 써 보세요.

넌 정말 자랑스러워

굿 다이노

　　알로는 겁이 많고 소심한 아파토사우루스였습니다. 다른 형제들처럼 농장에서 열심히 일하고 싶었지만, 실수가 많아 가족에게 인정받지 못했어요. "알로야, 으이그!"

　　어느 날, 알로는 야생 동굴 소년을 쫓다가 큰 사고를 겪었습니다. 아빠 헨리가 강물에 휩쓸려 세상을 떠났고, 알로도 거센 물살에 떠내려가 집에서 멀리 떨어지고 말았어요.

　　알로는 강가에서 다시 만난 소년에게 '스팟'이라는 이름을 지어 주고, 함께 집으로 돌아가기 위한 모험을 시작했어요. 가는 길 내내 폭풍, 사나운 익룡, 높은 절벽 같은 위험한 순간들이 이어졌어요. 하지만 알로는 한 걸음씩 용기를 내기 시작했지요. 알로는 스팟을 구해 내고, 그를 돌봐 줄 가족에게 보내며 따뜻한 작별 인사를 했습니다. "스팟, 잘 가."

　　혼자 힘으로 집으로 돌아온 알로는 드디어 가족에게 인정받았어요. 그리고 가족의 옥수수 창고에 진흙 발자국을 남길 수 있게 되었습니다. 그 발자국은 알로가 스스로를 **자랑스러워**해도 되는 증표였어요. 알로는 책임을 다하며 성장한 진정한 공룡이 되었답니다.

긍정 낱말 읽기　　낱말의 뜻과 활용 예문을 읽어 보세요.

알로는 집으로 돌아와, 스스로가 **자랑스러운** 공룡이 되었어요.

친구를 도와준 내가 **자랑스러웠어요.**

자랑스럽다

스스로 한 일이나 모습이 떳떳하고 마음에 들어 뿌듯하게 느껴지다.

스스로를 **자랑스럽다고** 느낀 순간은, 어려운 숙제를 마쳤을 때였어요.

그 선택을 책임진 나 자신이 **자랑스러워요.**

넌 정말 자랑스러워.

너만의 길을 만들어야 해.

너도 할 수 있다는 걸 알고 있었어.

길은 항상 있어.

이 문장에는 용기, 우정, 그리고 성장의 가치가 담겨 있어. 알로는 겁이 많고 작았지만, 스팟과 함께하며 두려움을 이겨 내는 법을 배웠지. 두려움을 넘어설 때 비로소 진짜 용기가 드러났어. 또 포기하지 않고 끝까지 나아갈 때 *성장과 희망*이 기다리고 있었지.
너도 알로처럼 두려움 속에서도 용기를 내고, 사랑하는 이들과 함께 성장하는 사람이 되기를 바라!

👤 **내 경험 쓰기**　영화를 생각하며 질문에 답해 보세요.

• 우리 가족이 주는 '상'은 무엇인가요?

• 나는 누구에게서 어떤 인정을 받고 싶나요?

• 가족에게 인정받은 경험에 대해 써 보세요.

지금은 네가 빛날 때야

마다가스카

뉴욕 동물원의 사자 알렉스와 친구들은 사람들의 사랑을 받으며 평화롭게 지내고 있었습니다. 하지만 얼룩말 마티는 야생에서의 자유로운 삶을 꿈꿨어요.

10번째 생일날, 마티는 동물원을 탈출해 야생으로 **향했어요.** "오늘은 꼭 나가 봐야겠어!" 친구들은 마티를 찾기 위해 따라나섰다가 낯선 섬 마다가스카르에 도착하게 되었지요.

도시 생활에 익숙한 이들은 자연에서 어떻게 살아야 할지 몰라 당황했어요. 배가 고파지자 사자 알렉스는 본능적으로 친구들을 먹잇감으로 느끼게 되었습니다. '이러면 안 되는데!' 알렉스는 그런 자신이 무서워 숲으로 떠났어요.

남은 친구들은 서로 도우며 살아가는 방법을 하나씩 배워 갔습니다. 친구들은 알렉스를 돕고 다시 함께할 방법을 찾았어요. "우리 알렉스를 포기할 수 없어!" 친구들의 진심을 느낀 알렉스는 돌아왔고 모두 평화를 되찾았어요. 이들은 도시에서 꿈꿀 수 없던 진정한 자유와 우정을 경험했습니다. 알렉스와 친구들은 새로운 모험을 기대하게 되었어요.

긍정 낱말 읽기　낱말의 뜻과 활용 예문을 읽어 보세요.

마티는 자유로운 초원을 꿈꾸며 마다가스카르 섬을 **향했어요.**

향하다

어떤 곳이나 대상을 목표로 하여 나아가다.

집으로 **향하며** 오늘 학교에서 있었던 일을 떠올렸어요.

시선이 **향한** 곳에는 오늘 전학 온 친구가 서 있었어요.

나는 사람들 틈에서 무대 중앙으로 **향했어요.**

 마음에 남는 말을 생각하며 문장을 따라 써 보세요.

지금은 네가 빛날 때야.

나는 내 역할을 책임져야 해.

함께하는 마음이 중요해.

네 안엔 더 많은 가능성이 있어.

이 문장에는 자유, 우정, 그리고 성장의 가치가 담겨 있어. 마티는 동물원에서 벗어나 진짜 자유를 꿈꾸며 모험을 시작했지. 낯선 섬에서 친구들과 함께 지내며 웃음과 용기를 얻었어. 또 서로 나르지만 의지하고 도우며 함께 살아가는 방법을 배웠지.
너도 마티와 친구들처럼 우정을 소중히 지키고, 용기 있게 도전하며 멋지게 자라나기를 바라!

 영화를 생각하며 질문에 답해 보세요.

• 처음 간 곳에서 특별한 것을 해 본 경험이 있나요?

• 어딘가에서 탈출하고 싶던 순간이 있나요?

• 힘들어도 웃음을 잃지 않고 버텨 낸 경험에 대해 써 보세요.

너는 너답게 살아야 해

라이온 킹

아프리카 초원의 왕 무파사에게 아기 사자 심바가 태어났습니다. 모든 동물들이 한마음으로 축하했지요. 하지만 무파사의 동생 스카는 심바가 그리 탐탁하지 않았어요. 자신이 왕이 되고 싶었거든요. 스카는 하이에나들과 몰래 나쁜 계획을 세웠어요.

스카의 계략으로 무파사 왕은 목숨을 잃었습니다. 그런데 심바는 자신이 아빠를 높은 절벽으로 오게 했기 때문에, 아빠가 위험에 빠진 것이라고 오해했어요. "흑, 흑! 나 때문이야." 심바는 멀리 떠나 티몬과 품바라는 친구들과 살게 되었지요.

고향은 스카의 욕심 때문에 황폐해졌습니다. 친구 날라가 그 소식을 전하며 돌아와 달라고 말했지만 심바는 쉽게 결정하지 못했어요. 과거의 두려움이 아직도 심바의 마음을 붙잡고 있었거든요. 그때 현명한 원숭이 라피키와 아버지 무파사의 영혼이 심바를 **일깨워** 주었어요. "네가 진짜 왕이란다."

용기를 낸 심바는 날라, 티몬, 품바와 함께 고향으로 돌아갔어요. 심바는 스카와 맞서 진실을 밝혀내고, 마침내 그를 물리쳤어요. 왕국에 다시 평화가 찾아왔답니다.

긍정 낱말 읽기　낱말의 뜻과 활용 예문을 읽어 보세요.

라피키와 무파사의 영혼은 심바가 진짜 왕이라는 사실을 **일깨워** 주었어요.

나 자신을 **일깨우다** 보니, 내가 해야 할 일이 선명하게 떠올랐어요.

일깨우다

잊고 있던 생각이나 마음, 해야 할 일을 다시 깨닫게 하다.

선생님의 한마디가 나의 용기를 **일깨워** 줬어요.

친구의 조언이 도망치고 있던 나를 다시 **일깨워** 줬어요.

 마음에 남는 말을 생각하며 문장을 따라 써 보세요.

너는 너답게 살아야 해.

무서움도 이겨 낼 수 있어.

네 안에는 큰 용기가 있어.

진짜 리더가 되어야 해.

이 문장에는 책임, 용기, 그리고 성장의 가치가 담겨 있어. 심바는 아버지를 잃은 슬픔과 두려움으로 도망쳤지만, 결국 자신의 자리를 찾아야 한다는 것을 깨달았지. 과거에 머물지 않고 앞으로 나아갈 때 진짜 힘이 드러났어. 왕으로서 책임을 지는 순간 심바는 더 이상 어린 사자가 아니었어.
너도 심바처럼 두려워하지 말고, 책임을 지며 용기 있게 성장하는 사람이 되기를 바라!

 영화를 생각하며 질문에 답해 보세요.

• 무언가에 대해 책임감을 느꼈던 경험이 있나요?

• 친구 덕분에 성장한 경험이 있나요?

• 처음엔 피했지만 나중에 다시 해낸 경험에 대해 써 보세요.

책임을 끝까지 다해야 해

아이스 에이지

빙하시대가 찾아오자 많은 동물들이 따뜻한 남쪽으로 이동했습니다. 하지만 외로운 맘모스 매니는 북쪽으로 혼자 걸어가고 있었어요. 가족에게 버림받은 나무늘보 시드가 매니의 친구가 되었지요. 그러던 중, 둘은 길에서 한 아기를 발견하게 되었어요.

그런데 검치호랑이 디에고가 매니와 시드에게 다가왔습니다. "나도 같이 갈래!" 디에고는 사실 아기를 노리는 무리의 명령을 받은 거였어요. 아기 돌보기를 **도와주는** 척하면서 나쁜 무리에게 데려가려는 속셈이었습니다.

하지만 함께 여행하는 동안 디에고는 매니와 시드의 따뜻함 속에서 마음이 바뀌었어요. 험한 빙하와 위험을 헤쳐가며 셋은 친구가 되었지요.

마침내 디에고는 자신의 무리를 배신하고 매니, 시드와 함께 아기를 지켜 냈어요. 그리고 아기를 무사히 아빠의 품에 돌려보냈습니다.

이렇게 서로 다른 세 동물은 진정한 가족이 되었어요. 그들은 빙하시대를 함께 헤쳐 나가는 새로운 모험을 시작했답니다.

긍정 낱말 읽기 | 낱말의 뜻과 활용 예문을 읽어 보세요.

매니와 시드는 아기가 무사히 돌아갈 수 있도록 **도와줬어요**.

도와주다

다른 사람이 어떤 일을 잘할 수 있도록 힘이나 마음을 보태다.

친구를 **도와주다** 보니, 내 마음이 가벼워졌어요.

나는 동생의 숙제를 **도와주며** 함께 공부했어요.

필요한 곳에 손을 내미는 것이 진짜로 **도와주는** 일이지요.

 마음에 남는 말을 생각하며 문장을 따라 써 보세요.

책임을 끝까지 다해야 해.

모두에게 중요한 역할이 있어.

어려운 시간도 언젠가는 끝나.

함께하는 친구는 서로 지켜 줘야 해.

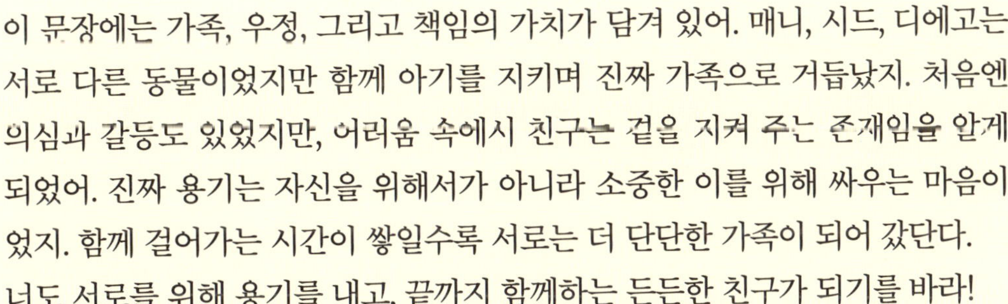

이 문장에는 가족, 우정, 그리고 책임의 가치가 담겨 있어. 매니, 시드, 디에고는 서로 다른 동물이었지만 함께 아기를 지키며 진짜 가족으로 거듭났지. 처음엔 의심과 갈등도 있었지만, 어려움 속에서 친구는 곁을 지켜 주는 존재임을 알게 되었어. 진짜 용기는 자신을 위해서가 아니라 소중한 이를 위해 싸우는 마음이었지. 함께 걸어가는 시간이 쌓일수록 서로는 더 단단한 가족이 되어 갔단다. 너도 서로를 위해 용기를 내고, 끝까지 함께하는 든든한 친구가 되기를 바라!

 영화를 생각하며 질문에 답해 보세요.

• 자신보다 작은 존재를 지켜 준 경험이 있나요?

• 학교에서 내가 맡은 역할은 무엇인가요?

• 믿었던 친구에게 상처를 받은 경험에 대해 써 보세요.

넌 더 멋진 사람이 됐어

 **센과 치히로의 행방불명**

치히로는 부모님과 함께 새로운 마을로 이사 가던 중, 길을 잘못 들었습니다. 오래된 유령 마을에 들어가게 된 거예요. 부모님은 그곳 음식을 몰래 먹었다가 돼지로 변해 버렸어요.

혼자 남은 치히로는 무서웠지만, 부모님을 구하기 위해 마법의 온천집에서 일하게 되었습니다. 치히로는 '센'이라는 이름으로 불리며 마녀 유바바 밑에서 힘든 일을 **견뎌 냈어요.**

온천집에서 치히로는 신비한 소년 하쿠와 친구들의 도움으로 조금씩 용기를 내기 시작했어요. 이제 울기만 하던 치히로가 아니라 스스로 문제를 해결하는 아이가 되었지요. 치히로는 두려움을 이기고 위험에 빠진 하쿠를 도와주기도 했어요. "하쿠야, 어서 나아야 해!" 또 욕심꾸러기 검은 그림자 가오나시도 따뜻하게 대해 주며 변화시켰어요.

마침내 치히로는 부모님을 되돌리는 방법을 찾아냈습니다. 마녀 유바바의 마지막 시험도 통과했어요. 모든 것을 이겨 낸 치히로는 부모님과 함께 현실 세계로 무사히 돌아왔답니다.

💬 긍정 낱말 읽기 | 낱말의 뜻과 활용 예문을 읽어 보세요.

치히로는 낯선 마을에서 두려움을 참고 하루하루를 **견뎌 냈어요.**

힘든 하루를 **견뎌 낸** 후에는 꼭 작은 보람이 찾아왔어요.

견뎌 내다

힘들고 어려운 상황을 참고 버티어 이겨 내다.

매일 힘든 줄넘기 연습을 **견뎌 내다** 보니 실력이 늘었어요.

감기에 걸려 몸이 으슬으슬했지만, 쉬면서 아픈 시간을 **견뎌 냈어요.**

넌 더 멋진 사람이 됐어.

넌 잘 해낼 거야.

무섭지만 해 볼게.

어른이 되려면 배워야 해.

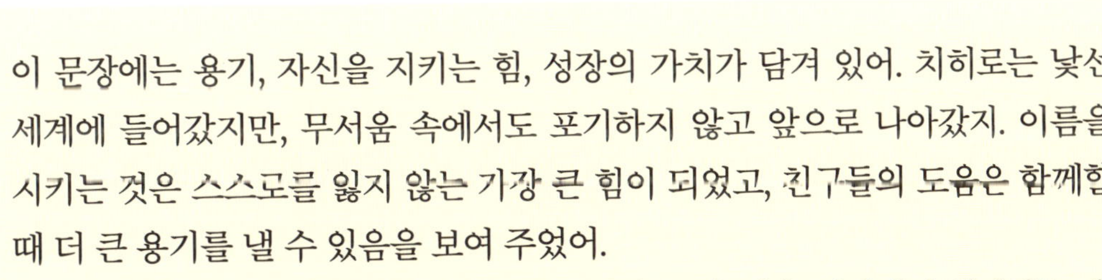

이 문장에는 용기, 자신을 지키는 힘, 성장의 가치가 담겨 있어. 치히로는 낯선 세계에 들어갔지만, 무서움 속에서도 포기하지 않고 앞으로 나아갔지. 이름을 지키는 것은 스스로를 잃지 않는 가장 큰 힘이 되었고, 친구들의 도움은 함께할 때 더 큰 용기를 낼 수 있음을 보여 주었어.

너도 치히로처럼 자신을 믿고, 두려움 속에서도 한 걸음 내디디며 성장하는 용감한 사람이 되기를 바라!

 **내 경험 쓰기**　영화를 생각하며 질문에 답해 보세요.

• 낯선 환경에서 무섭거나 불안했던 경험이 있나요?

• 예전보다 내가 더 용감해졌다고 느껴진 순간은 언제인가요?

• 어려운 상황에서 누군가의 도움이 힘이 되었던 경험에 대해 써 보세요.

41

넌 지금 충분히 괜찮아

소울

조는 중학교 음악 선생님이었습니다. 하지만 마음속에는 멋진 재즈 연주자가 되고 싶은 꿈이 있었어요. 어느 날, 조는 유명한 밴드의 공연에 서게 되어 크게 기뻤어요. 그런데 갑작스러운 사고로 영혼의 세계에 가고 말았습니다. 그곳에서 조는 아직 태어나지 않은 영혼 '22'를 만났어요.

22는 지구에 나가는 걸 무서워했어요. "왜 태어나고 살아야 하지?" 조는 영혼의 세계에서 다시 빠져나올 기회를 얻기 위해 22를 도우려 했어요. 둘이 함께 지구로 내려오는 과정에서 조는 처음으로 다른 사람의 삶과 감정을 깊이 느끼게 되었지요. 22가 작은 것들에 기뻐하는 모습을 보며 조는 깜짝 놀랐어요. "이게 그렇게 즐거운 일이라고?"

자기 꿈만 생각하던 조의 마음이 바뀌었습니다. '난 진짜 삶을 느끼지 못했던 거야.' 마침내 조는 22에게 살아갈 용기를 주고, 자신보다 먼저 지구로 갈 수 있게 해 주었습니다. 이제 조는 다른 사람의 마음을 이해하는 것이 얼마나 중요한지 알게 되었어요. 하루하루를 소중히 **여기며**, 따뜻한 마음으로 살아가기로 결심했답니다.

긍정 낱말 읽기　　낱말의 뜻과 활용 예문을 읽어 보세요.

조는 피아노를 치는 시간이 자신의 삶에서 가장 소중하다고 **여겼어요**.

선생님의 칭찬을 감사하게 **여기며** 나는 더 노력했어요.

여기다

어떤 대상을 그렇게 생각하거나 판단하다.

실수가 배움의 기회라고 **여겨** 보세요.

친구가 준 짧은 메모도 마음을 담은 선물이라고 **여기게** 되었어요.

넌 지금 충분히 괜찮아.

우리는 서로에게 힘을 주는 사람이야.

다른 사람을 도우며 행복할 수 있어.

오늘 하루도 소중하게 보낼 거야.

이 문장에는 삶의 소중함, 행복, 그리고 공감의 마음이 담겨 있어. 조는 처음엔 멋진 무대에 서는 것만이 자신의 유일한 꿈이라고 생각했지만, 작은 순간들이 진짜 행복이라는 걸 깨닫게 되었어. 특별한 무대보나 일상의 작은 기쁨이 삶을 빛나게 했어. 오늘을 즐기며 살아가는 것이야말로 가장 큰 선물이었어.
너도 조처럼 작은 행복을 발견하고, 삶의 매일을 빛나게 가꾸는 사람이 되기를 바라!

내 경험 쓰기   영화를 생각하며 질문에 답해 보세요.

- 내가 시간 가는 줄 모르고 하는 일은 무엇인가요?

- 나에게 힘을 주는 사람은 누구인가요?

- 잘해야 한다는 생각에 부담이 되었던 경험에 대해 써 보세요.

너의 따뜻함이 꼭 필요해

빅풋 주니어

아담은 평범한 소년처럼 보였습니다. 그런데 어느 날 갑자기 머리카락이 쑥쑥 자라고, 이상한 능력이 생겨 깜짝 놀랐어요. 그러던 중, 아담은 세상을 떠난 줄 알았던 아빠가 사실은 전설 속의 '빅풋'이라는 사실을 알게 되었지요.

아담은 진실을 듣고 아빠를 찾기 위해 깊은 숲으로 떠났어요. 그곳에서 아담은 동물들과 이야기하며 지내는 아빠를 만났습니다. "가족을 지키려면 숨어 살아야 했단다." 아빠는 왜 모습을 감추었는지 알려 주었어요. 아담은 아빠와 함께 지내며 자신에게도 특별한 힘이 있다는 것을 받아들이기 시작했어요. 하지만 한 탐욕스러운 회사가 빅풋의 능력을 노리고 두 사람을 쫓기 시작했지요. 위험한 순간, 아담은 "아빠는 내가 지킬 거예요!"라고 다짐하며 동물 친구들과 힘을 모았어요.

모두가 힘을 합쳐 위기를 이겨 냈고, 아담은 자연을 아끼는 마음과 용기를 배웠어요. 그리고 아빠의 진심을 이해하며 서로를 **배려하는** 진짜 가족이 되었지요. 아담은 이제 자신의 특별함을 인정하기로 했답니다.

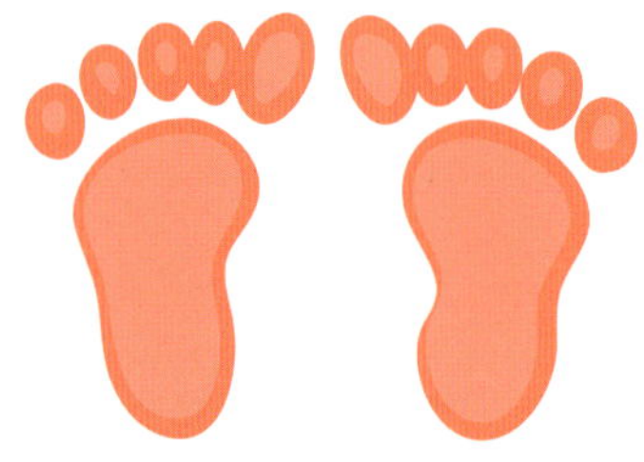

긍정 낱말 읽기　　낱말의 뜻과 활용 예문을 읽어 보세요.

아담은 조심스럽게 행동하고 친구들을 **배려했어요**.

친구를 **배려하다** 보니, 그 친구의 기분이 나아진 게 느껴졌어요.

배려하다

도와주거나 보살펴 주려고 마음을 쓰다.

나는 엄마의 마음을 **배려하며** 조심스럽게 이야기했어요.

아빠는 상대의 상황을 한 번 더 생각하며 **배려하셨어요**.

너의 따뜻함이 꼭 필요해.

네 마음이 너를 멋지게 만들어.

우리가 가족이어서 행복해.

나를 알아가는 중이야.

이 문장에는 자연, 가족, 그리고 공감의 가치가 담겨 있어. 아담은 아빠 빅풋과 재회하며 자신에게도 특별한 힘이 있음을 알게 되었지. 그 힘은 혼자가 아니라 가족과 자연이 함께할 때 너 커졌어. 두려운 순간에도 그 상황을 믿어야만 소중한 것을 지킬 수 있었지.
너도 아담처럼 두려움 속에서도 가족과 함께 힘을 모으고, 용감하게 나아가는 사람이 되기를 바라!

내 경험 쓰기 영화를 생각하며 질문에 답해 보세요.

- 나만 알고 있는 내 모습이 있나요?

- 가족이 나를 지켜 주고 있다고 느낀 순간은 언제인가요?

- 자연이나 동물을 아껴 본 경험에 대해 써 보세요.

나도 너와 함께 있고 싶어

벼랑 위의 포뇨

　바닷속 작은 마을에 사는 소년 소스케는 어느 날 신비한 물고기 모양의 생물을 발견했습니다. 소스케는 그녀를 '포뇨'라고 부르며 정성껏 보살폈어요.

　사실 포뇨는 바다 마녀의 딸이었고, 인간 세상에 호기심을 느끼는 마법의 존재였지요. 소스케의 따뜻한 마음 덕분에 포뇨는 점점 사람의 모습으로 변하기 시작했어요. 하지만 포뇨가 인간이 되려고 하자, 바다와 자연의 균형이 무너지기 시작했어요. 큰 폭풍이 몰아치고 마을이 물에 잠기며, 모두가 위험에 빠졌어요. 소스케와 포뇨는 모두를 지키기 위해 자신이 진짜 원하는 것이 무엇인지 고민했지요. "소스케와 함께 있고 싶어…." "포뇨가 어떤 모습이어도 나는 좋아."

　포뇨의 엄마와 아빠는 두 아이의 진심을 보고 마지막 선택을 맡겼습니다. 소스케 덕분에 포뇨는 인간이 되는 것을 허락받았고, 세상은 다시 평화를 되찾았어요. 두 친구는 서로를 이해하고 **공감하며** 따뜻한 우정을 키워 나갔답니다.

긍정 낱말 읽기 ｜ 낱말의 뜻과 활용 예문을 읽어 보세요.

소스케는 포뇨의 외로움에 진심으로 **공감했어요**.

친구가 왜 속상해했는지 **공감할** 수 있었어요.

공감하다

남의 감정, 의견, 주장 따위에 대하여 자기도 그렇다고 느끼다.

나는 친구의 이야기에 **공감하며** 고개를 끄덕였어요.

진심으로 **공감하려면**, 입장이 달라도 마음을 열고 들어야 해요.

 마음에 남는 말을 생각하며 문장을 따라 써 보세요.

나도 너와 함께 있고 싶어.

우린 서로 아껴 주는 친구야.

널 위해 용기 낼 거야.

좋아하는 게 있으면 행복해.

이 문장에는 우정, 용기, 그리고 기적 같은 사랑이 담겨 있어. 포뇨와 소스케는 많이 달랐지만 서로를 가장 소중한 친구로 받아들였지. 함께할 때 두려움은 작아지고, 마음속에서 진짜 마법 같은 힘이 생겼어. 세상이 흔들려도 변하지 않는 건 서로를 향한 따뜻한 마음이었지.
너도 포뇨와 소스케처럼 서로를 믿고 지켜 주며, 기적을 만들어 내는 친구가 되기를 바라!

 영화를 생각하며 질문에 답해 보세요.

• 친구와 한 약속을 지키기 위해 노력한 경험이 있나요?

• 하고 싶은 일과 해야 할 일 사이에서 고민했던 경험을 말해 보세요.

• 친구를 걱정하며 배려한 적이 있나요? 친구를 위해 어떤 행동을 했나요?

네 마음이 세상을 바꿨어

클라우스 

　우체국장의 아들 제스퍼는 편지를 제대로 배달하지 않아 아버지에게 벌을 받았습니다. 눈 덮인 스메렌스버그 섬으로 보내졌지요. 그 마을 사람들은 서로 미워하고 싸우기만 해서, 누구도 친구가 없었어요. 제스퍼는 그곳에서 장난감 장인 클라우스를 만나게 되었어요. 그는 숲 속 외딴집에서 장난감을 만들며 혼자 살고 있었지요.

　어느 날, 제스퍼가 장난감을 한 아이에게 전해 주자, 그 아이는 처음으로 웃었습니다. '와, 재미있겠다!' 그 뒤로 제스퍼와 클라우스는 아이들에게 장난감을 나눠 주기 시작했어요. 마을 사람들은 웃음을 되찾았고, 서로에게 마음을 열기 시작했습니다.

　벌을 피하는 데만 관심 있던 제스퍼도 아이들과 친구가 되면서 진심으로 편지를 **전하게** 되었어요. 클라우스 역시 오랜 슬픔을 이겨 내며 사람들과 마음을 나누었지요. 마을은 싸움 대신 웃음과 배려가 넘치는 곳으로 변했습니다. 제스퍼는 다른 사람을 위해 행동할 때 느끼는 진짜 기쁨을 알게 되었어요. 이들은 따뜻한 마음을 나누며, 크리스마스에 어울리는 작은 기적을 함께 만들어 냈답니다.

긍정 낱말 읽기　　낱말의 뜻과 활용 예문을 읽어 보세요.

제스퍼는 아이들에게 편지와 선물을 **전했어요**.

소식을 **전한** 사람들도 모두 기뻐했어요.

전하다

말이나 물건, 마음 같은 것을 다른 사람에게 보내다.

친구에게 생일 축하를 **전하며** 선물도 함께 주었어요.

친구가 힘들어 보여서 따뜻한 위로의 말을 조용히 **전했어요**.

 마음에 남는 말을 생각하며 문장을 따라 써 보세요.

네 마음이 세상을 바꿨어.

아주 작은 행동도 큰 힘이 돼.

마음이 담긴 게 진짜 선물이야.

작은 말 한 마디가 시작이야.

이 문장에는 친절, 나눔, 그리고 따뜻한 변화가 담겨 있어. 제스퍼는 처음에는 자기 이익만 생각했지만, 클라우스와 함께하며 작은 친절이 마을을 바꿀 수 있다는 걸 알게 되었지. 아이들에게 건넨 선물은 단순한 물건이 아니라 마음을 담은 따뜻한 손길이었어. 사람들은 선물을 계기로 서로에게 웃음을 나누며 따뜻해졌지. 그렇게 시작된 작은 변화는 어느새 마을 전체를 환하게 밝혔단다.
너도 제스퍼처럼 작은 친절을 실천하며, 세상을 밝히는 사람이 되기를 바라!

 **내 경험 쓰기** 영화를 생각하며 질문에 답해 보세요.

• 첫 인상과 많이 다른 친구나 선생님이 있나요?

• 내가 한 행동으로 친구와의 관계가 좋아졌던 적이 있나요?

• 작은 선물이나 행동으로 누군가를 기쁘게 한 경험에 대해 써 보세요.

넌 내 편이 되어 주었지

마루 밑 아리에티

조용한 시골 마을, 오래된 집의 마루 밑에 아주 작은 소인족 가족이 살고 있었습니다. 아리에티는 밤이면 조심조심 인간의 물건을 빌려 오며 살아가는 소녀예요. 엄마와 아빠는 늘 "조심해야 한다."고 말했지만, 아리에티는 점점 인간 세상이 궁금해졌지요.

그러던 어느 날, 아리에티는 심장병을 앓는 소년 쇼에게 모습을 들키고 말았어요. 아리에티는 깜짝 놀랐습니다. 하지만 쇼는 아리에티를 해치지 않았고, 둘은 조심스럽게 친구가 되었어요. 두 아이는 서로의 이야기에 귀 기울이며 마음을 조금씩 **나누었지요.**

아리에티는 쇼를 통해 인간의 따뜻한 마음을 알게 되었고, 쇼도 용기를 얻었어요. "내가 힘을 낼 수 있는 건 아리에티 덕분이야."

하지만 인간과 소인이 함께 살아가기에는 위험한 일이 많았습니다. 가정부가 소인 가족을 발견하자 괴롭히기 시작했고, 아리에티 가족은 떠나기로 결심했어요. 쇼와 아리에티는 서로를 바라보며 조용히 작별을 준비했답니다. '언제까지나 잊지 않을 거야…'

긍정 낱말 읽기

낱말의 뜻과 활용 예문을 읽어 보세요.

아리에티와 쇼는 작은 비밀을 서로 **나눴어요.**

나는 친구와 간식을 **나누어** 먹으며 즐거운 시간을 보냈어요.

나누다

여러 사람과 함께 쓰거나, 마음과 생각을 서로 전하다.

마음을 **나누다** 보니, 혼자 있을 때보다 기분이 한결 가벼워졌어요.

서로 다른 생각을 존중하며 이야기를 **나누는** 경험을 쌓아 보세요.

넌 내 편이 되어 주었지.

너를 만나서 나도 용감해질 수 있었어.

너와 함께한 시간은 내 마음에 오래 남을 거야.

너를 만나서 참 다행이야.

이 문장에는 공감, 배려, 그리고 연결된 마음이 담겨 있어. 아리에티와 쇼는 다른 모습이었지만, 서로를 있는 그대로 바라보았지. 따뜻한 마음은 조용히 전해졌고 서로에게 힘이 되어 주었어. 진심은 눈에 보이지 않아도 마음으로 느낄 수 있다는 걸 보여 주었단다.
너도 아리에티와 쇼처럼 친구를 이해하고 따뜻하게 바라봐 주는 사람이 되길 바라!

내 경험 쓰기 〉 영화를 생각하며 질문에 답해 보세요.

• 나만 혼자 알고 지켜 준 친구의 비밀이 있나요?

• 작은 행동으로 누군가에게 도움을 준 순간을 말해 보세요.

• 누군가의 마음이나 상황을 생각해 조심스럽게 행동했던 경험을 써 보세요.

오늘 날짜 　 월 　 일

다르다고 나쁜 건 아니야

와일드 로봇

　거센 폭풍 속에서 화물선이 침몰했습니다. 그중 오직 로즈만 살아남아 외딴 섬에 도착했어요. 로즈는 말이 통하지 않고 자연을 마주하는 것이 처음이라 무척 외로웠습니다. 모든 일이 서툴기만 했지요. 로즈는 동물들의 생활을 관찰하며 하나씩 배워, 그들의 언어와 습관도 조금씩 알게 되었습니다. 처음에는 동물들이 로즈를 경계했지만 로즈가 배려하며 도와주자 마음을 열기 시작했습니다.

　그러던 어느 날, 로즈는 고아가 된 아기 거위 '브라이트빌'을 발견했어요. '내가 **돌봐** 줘야겠어.' 로즈는 엄마처럼 브라이트빌을 아껴 주었습니다. 이렇게 로즈는 동물들의 아픔과 어려움에도 함께 마음을 쓰는 친구가 되었지요. 서로 다른 모습이지만, 로즈와 동물들은 서로를 이해하며 가족처럼 친해졌어요.

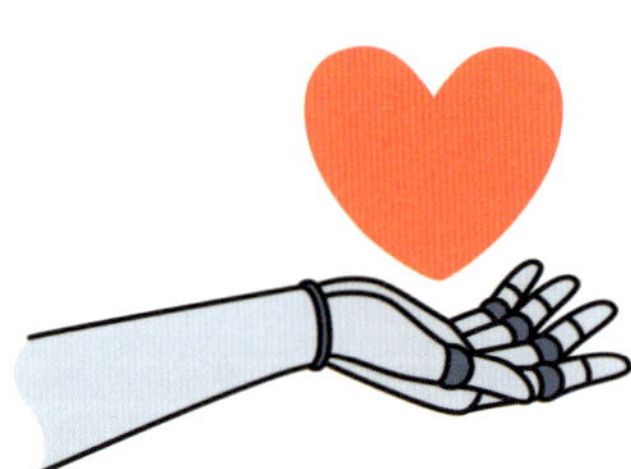

　그런데 갑자기 다른 로봇들이 로즈를 데려가려고, 모두를 위협했습니다. 로즈는 친구들을 지키려고 슬픈 작별을 결심했어요. "내가 떠나야만 친구들을 지킬 수 있어." 이렇게 로즈는 차가운 기계가 아니라, 따뜻한 마음의 '와일드 로봇'이 되었답니다.

긍정 낱말 읽기

낱말의 뜻과 활용 예문을 읽어 보세요.

로즈는 새끼 기러기 브라이트빌을 정성껏 **돌보았어요**.

강아지를 **돌보다** 보니, 정말 사랑스러웠어요

돌보다

관심을 가지고 보살피다.

나는 아픈 동생을 **돌보며** 가족의 소중함을 느꼈어요.

할머니의 하루를 지키기 위해, 곁에서 **돌보아** 드렸어요.

다르다고 나쁜 건 아니야.

너를 통해 사랑을 알게 됐어.

도우며 지내는 게 친구야.

난 달라도 괜찮아.

이 문장에는 적응, 가족, 그리고 연대의 가치가 담겨 있어. 로봇 로즈는 낯선 섬에 홀로 떨어졌지만 자연을 배우며 점점 그곳에 익숙해졌지. 혼자가 아니라 동물들과 함께할 때 두려움은 사라지고 용기가 자라났어. 서로를 지켜 줄 때 더 큰 힘이 생기고, 그 힘은 삶을 이어가는 원동력이 되었지.
너도 로즈처럼 낯선 세상에서도 배우고 적응하며, 함께하는 힘으로 용기를 내는 사람이 되기를 바라!

👤 **내 경험 쓰기** 영화를 생각하며 질문에 답해 보세요.

• 누군가를 돌보거나 책임지고 챙겨 준 경험을 말해 보세요.

• 처음 만난 사람들 사이에서 어색하고 낯설었던 경험이 있나요?

• 친구가 나를 받아 줘서 행복했던 순간의 경험을 써 보세요.

넌 내 특별한 친구야

이웃집 토토로

　사츠키와 메이 자매는 병원에 계신 엄마를 가까이에서 돌보기 위해 아빠와 함께 조용한 시골로 이사했습니다. 어느 날, 메이는 숲속에서 커다랗고 몽실몽실한 토토로를 발견하고, 둘은 친구가 되었어요. 사츠키도 비 오는 날 버스 정류장에서 토토로를 만났어요. "메이가 했던 말이 진짜네?!"

　그런데 엄마의 병세가 악화되어 퇴원이 미뤄졌습니다. 메이는 엄마에게 드릴 옥수수를 꼭 쥐고 혼자 병원으로 가다가 길을 잃고 말았지요. 사츠키는 동생 메이를 찾기 시작했어요. 사츠키가 토토로에게 도와달라고 하자, 토토로는 고양이 버스를 불러 주었어요.

　사츠키는 고양이 버스를 타고 하늘을 날아가 메이를 무사히 찾아냈습니다. 자매는 병

원 창가에서 무사한 엄마를 보며 **안심했어요.** 그리고 마음을 담아 가져온 옥수수를 병실에 조용히 두었습니다. 이후 토토로와 고양이 버스는 볼 수 없었지만, 자매의 마음속에는 따뜻하고 신비한 추억으로 오래도록 남았어요. '토토로, 어디 있니?'

💬 긍정 낱말 읽기 ｜ 낱말의 뜻과 활용 예문을 읽어 보세요.

사츠키와 메이는
엄마를 보며 **안심했어요**.

그들이 **안심한** 순간,
또다른 위협이 찾아왔어요.

안심하다

모든 걱정을 떨쳐
버리고 마음을 편히
가지다.

엄마가 곧 돌아온다는 말에
마음이 놓여 **안심했어요**.

그는 오래 품고 있던 걱정을
내려놓고 **안심했어요**.

넌 내 특별한 친구야.

친구가 있어서 무섭지 않아.

함께 있으면 안심이 돼.

친구야, 내가 옆에 있을게.

이 문장에는 가족, 기다림, 그리고 따뜻한 상상이 담겨 있어. 사츠키와 메이는 병원에 계신 엄마를 걱정하며 두려움 속에서도 서로를 지켜 주었지. 작은 친절과 배려는 힘이 되어 자매를 더 단단하게 만들었어. 기다림 끝에 찾아온 토토로와의 만남은 마치 기적처럼 웃음을 주었단다.
너도 사츠키와 메이처럼 따뜻한 마음으로 서로를 지키고, 웃음을 찾는 사람이 되기를 바라!

내 경험 쓰기   영화를 생각하며 질문에 답해 보세요.

• 가족이 아파서 힘들고 슬펐던 경험이 있나요?

• 마치 기적처럼 신기하고 특별했던 순간이 있나요?

• 상상 속에서 만나고 싶은 특별한 친구에 대해 써 보세요.

노력하는 네가 멋져

미첼 가족과 기계 전쟁

　케이티 미첼은 영화 만들기를 좋아하는 소녀예요. 꿈에 그리던 영화 학교 입학을 앞두고 있었어요. 하지만 아빠 릭은 그런 케이티의 마음을 잘 이해하지 못하고, 둘은 자주 다투었지요. 아빠는 멀어진 가족 사이를 되돌리고 싶어, 케이티의 입학날 가족 여행을 계획했어요. "다 같이 떠나면 예전처럼 가까워질 수 있을 거야."

　그런데 여행 도중 위기가 찾아왔습니다. 세상을 지배하려는 인공지능 로봇들이 나타난 거예요. 가족은 로봇들과 맞서 싸우게 되고, 힘을 모아 위기를 이겨 나갑니다.

　그 과정에서 엉뚱한 실수도 많이 했지만, 각자만의 방식으로 서로를 도왔어요. 케이티는 아빠의 진심을 조금씩 이해하게 되었고, 아빠도 딸의 꿈을 존중하려 **애썼지요**. "케이티, 널 믿는다. 네가 하고 싶은 걸 해 봐." 이렇게 가족은 서로를 믿고 응원하며, 마음을 열기 시작했어요.

　마침내 가족은 로봇들을 물리치고, 세상을 구하는 데 성공했어요. 이제 미첼 가족은 서로를 가장 잘 아는, 세상에서 제일 특별한 가족이 되었답니다.

 **긍정 낱말 읽기**　　낱말의 뜻과 활용 예문을 읽어 보세요.

미첼 가족은 서로 힘을 합쳐 로봇들에 맞서기 위해 열심히 애썼어요.

애쓰다

어떤 일을 이루려고 힘과 정성을 들이다.

엄마가 애쓴 덕분에 쿠키가 아주 예쁘게 구워졌어요.

새로운 춤 동작을 외우려고 애쓰며 거울 앞에서 연습을 이어갔어요.

친구와 한 약속을 지키고 싶어서, 졸린 눈을 비비며 선물을 완성하려고 애썼어요.

노력하는 네가 멋져.

넌 지금 모습 그대로 사랑받고 있어.

네가 해낸 게 정말 멋져.

우리는 함께할 때 가장 강해.

이 문장에는 가족, 협력, 그리고 믿음의 가치가 담겨 있어. 미첼 가족은 자주 다투고 서툴렀지만 위기의 순간 서로를 지켜 주며 힘을 모았지. 다름 때문에 멀어지기도 했지민, 그 다름이 모여 특별한 기족이 되었이. 니쁜 로봇들 앞에서도 끝까지 포기하지 않고 함께 싸우며 용기를 보여 줬지. 가족은 언제나 자신의 편이자, 가장 큰 힘이 되어 주는 존재였어.
너도 다름을 존중하고 서로를 지키며, 끝까지 함께하는 사람이 되기를 바라!

 **내 경험 쓰기** (영화를 생각하며 질문에 답해 보세요.

• 가족과 싸웠다가 다시 힘을 합친 경험이 있나요?

• 가족과 특별한 모험을 한 경험이 있나요?

• 처음엔 서운했지만 나중에 이해하게 된 경험에 대해 써 보세요.

내가 할게, 걱정 마

월-E

　먼 미래, 쓰레기로 가득 찬 지구에는 로봇 '월-E'만 혼자 남아 쓰레기를 정리하며 살고 있었어요. 조용한 세상이었지만, 월-E는 작은 식물을 보며 외로움을 달랬습니다.

　어느 날, 하늘에서 하얀 탐사 로봇 '이브'가 내려왔어요. 월-E는 처음 생긴 친구가 무척 반가워 "이브?" 하고 조심스럽게 불렀지요. 이브도 그런 월-E 에게 조금씩 마음을 열기 시작했어요. 월-E는 소중히 간직한 식물을 이브 에게 보여주었어요. 그러자 이브는 임무를 위해 그 식물을 가지고 우 주선으로 떠났습니다.

　월-E는 이브를 따라 우주까지 가게 되었고, 그곳에서 지구를 떠난 사람들을 만났어요. 오랫동안 편하게만 살던 사람들은 서로에게 무관심했지요. 하지만 월-E와 이브가 서로를 지키는 모습을 보고 마음이 움직이기 시작했어요. 이브는 위험을 **무릅쓰고** "월-E, 괜찮아." 하고 그를 지켜 주었어요. 월-E도 지구를 살릴 식물을 끝까지 지키며 큰 용기를 보여 주었습니다. 두 로봇의 따뜻한 모습은 사람들에게도 감동을 주었어요. 마침내 사람들은 지구로 돌아가기로 결심했고, 다시 자연과 함께 살아가게 되었답니다.

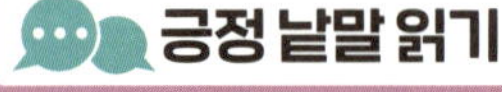 **긍정 낱말 읽기**　낱말의 뜻과 활용 예문을 읽어 보세요.

월-E는 몸이 부서질 위험을 **무릅썼어요.**

위험을 **무릅쓴** 소방관이 사람을 안전하게 구했어요.

무릅쓰다

위험이나 어려움을 피하지 않고 감당하다.

추운 날씨를 **무릅쓰고** 운동장에 나가 친구들과 술래잡기를 했어요.

나는 부끄러움을 **무릅쓰고,** 줄을 잘못 선 것을 사과했어요.

내가 할게, 걱정 마.

네가 힘들면 내가 도와줄게.

너한테 꼭 보여 주고 싶어.

함께하면 뭐든지 할 수 있어.

이 문장에는 희망, 사랑, 그리고 포기하지 않는 용기가 담겨 있어. 월-E는 버려진 지구에서도 끝까지 희망의 싹을 지켜 냈지. 그의 마음은 이브와 사람들에게 전해져 새로운 변화를 이끌었어. 진짜 사랑은 마음을 움직이고 세상을 바꾸는 힘이 되었지. 함께할 때 우리는 다시 시작할 수 있어.
너도 월-E처럼 작은 희망을 지키고, 사랑으로 세상을 밝히는 따뜻한 사람이 되기를 바라!

내 경험 쓰기 영화를 생각하며 질문에 답해 보세요.

• 힘들어도 희망을 느낀 순간에 대해 말해 보세요.

• 남들이 별거 아니라고 하지만 나에겐 소중한 것은 무엇인가요?

• 작지만 아끼며 지켜 낸 물건이나 생명에 대해 써 보세요.

너는 나에게 선물이야

사랑의 하츄핑

　　이모션 왕국의 공주 로미는 10살이 되자, 자신과 마음을 나눌 소울메이트 티니핑을 꼭 만나고 싶었어요. 어느 날 왕실 도서관에서 우연히 하츄핑을 본 로미는 눈이 반짝 뜨였습니다. 가족의 반대에도 몰래 숲속으로 하츄핑을 만나러 갔지요.

　　하지만 하츄핑은 인간이 두려워서 로미에게 쉽게 마음을 열지 못했어요. 로미가 손을 내밀었어요. "괜찮아, 나는 너를 친구라고 생각해." 하츄핑과 로미가 가까워지는 모습을 본 트러핑은 질투가 났어요. 트러핑은 하츄핑을 어두운 성에 가두었고, 트러핑의 마법 때문에 에메랄드 왕국은 큰 위기에 빠졌습니다.

　　하츄핑이 사라지자 로미는 너무 슬퍼, 무슨 일이 있어도 하츄핑을 구해 내기로 결심했지요. 로미는 리안 왕자와 함께 트러핑의 성으로 향했습니다. 로미의 진심은 결국 하츄핑의 마음에 **닿았고** 둘은 친구가 되었습니다. "친구야, 고마워." 이제 로미와 하츄핑은 진정한 소울메이트로 언제나 함께하게 되었답니다. 로미는 진짜 친구는 용기와 믿음으로 만들어진다는 것을 깨달았어요.

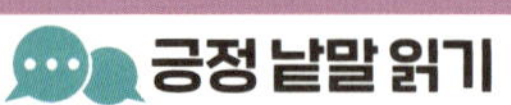 긍정 낱말 읽기　　낱말의 뜻과 활용 예문을 읽어 보세요.

로미의 간절한 마음은 결국 하츄핑에게 **닿았어요**.

닿은 손끝에서 장난감의 말랑한 느낌이 전해졌어요.

닿다

어떤 곳이나 물건에 손, 발, 물건, 마음 등이 미치다.

바람이 머리카락에 **닿자** 시원한 느낌이 들었어요.

열심히 점프하며 공을 던진 순간, 드디어 농구공이 농구 골대에 **닿았어요**.

 마음에 남는 말을 생각하며 문장을 따라 써 보세요.

> 너는 나에게 선물이야.
>
> 내 마음이 전해졌길 바라.
>
> 따뜻한 마음이 기적을 만들어.
>
> 사랑은 나눌수록 풍성해져.

이 문장에는 사랑, 진심, 그리고 우정의 가치가 담겨 있어. 로미는 외롭고 상처 받은 하츄핑에게 진심을 전하며 끝내 마음을 열게 했지. 서로를 믿고 아껴 줄 때 기적 같은 변화가 일어났어. 진짜 사랑은 마음을 따뜻하게 하고 언젠가는 상대에게 전해져.
너도 로미와 하츄핑처럼 진심으로 사랑을 나누고, 친구와 함께 기적을 만드는 사람이 되기를 바라!

 **내 경험 쓰기** 영화를 생각하며 질문에 답해 보세요.

- 친구에게 마음을 표현한 경험이 있나요?

- 친구의 기분을 알아차리고 위로해 준 적이 있나요?

- 좋아하는 사람에게 내 마음을 말하고 싶지만 망설였던 경험에 대해 써 보세요.

장면이 지나간 뒤, 마음에 남은 말을 따라

이 책의 마지막 페이지를 덮은 지금, 아이는 많은 이야기를 지나왔을 것입니다. 웃음이 났던 장면, 괜히 마음이 찡해졌던 순간, 이상하게 오래 머무는 한 문장. 이 책이 진짜 바라는 것은 이야기를 얼마나 잘 기억하는지가 아니라, 그 장면을 통해 아이 마음이 얼마나 더 자기 자신과 만났는지입니다.

애니메이션을 본다는 것은 단순히 이야기를 따라가는 일이 아니라, 내 마음을 들여다보는 일입니다. 왜 이 장면이 좋았는지, 왜 이 말이 마음에 남았는지, 그 이유를 천천히 생각해 보는 것만으로도 아이의 마음은 조금씩 자랍니다.

이 책을 마친 뒤에는 이런 관점으로 애니메이션과 책을 다시 떠올려 보세요. “이 장면에서 내 마음이 움직인 순간은 언제였을까?” “그때의 나는 어떤 기분이었더라?” “그 장면 속 말 중 지금의 나에게 가장 필요한 말은 무엇일까?”

아이의 대답이 짧아도 괜찮고, 말 대신 고개를 끄덕이거나 웃기만 해도 괜찮습니다. 중요한 것은 아이 안에 자기 마음을 바라보는 질문 하나가 남는 것입니다. 어른은 아이의 생각을 고쳐 주기보다 그 마음을 그대로 받아 주는 말 한 마디만 해 주면 충분합니다.

“그렇게 느꼈구나.” “그 말이 너에게 힘이 되었겠네.” 이런 말이 아이의 다음 말을 만들어 줍니다.

이 책에서 따라 쓴 문장들 중 단 하나라도 아이 마음속에 오래 남아 아이에게 말해 주기를 바랍니다. “괜찮아.”, “다시 해 볼 수 있어.”, “나는 나를 믿어도 돼.”

이렇게 말이 남긴 마음은 오래 남습니다. 이 책이 아이의 마음속에 그런 문장 하나로 남기를 바랍니다.